WESTEND

Gunter Böhnke wurde 1943 in Dresden geboren und studierte in Leipzig. Dort war er 1966 Mitbegründer des legendären Kabaretts »academixer« und spielte von 1988 bis 2004 im Duo mit Bernd-Lutz Lange. Sie verteilten für die ARD dreizehnmal den »Nachschlag« und zelebrierten für den MDR »Den Sachsen von Kopf bis Fuß«. Ihre Serie »Leute gibt's« lief von 1998 bis 2001 im MDR und danach in zahlreichen Wiederholungen auch in der ARD. Gunter Böhnke schrieb *Ein Sachse beschnarcht sich die Welt*, *Mit dem Floß unters Eis* und *Der Sachse liebt das Reisen sehr*.

Gunter Böhnke

50 einfache Dinge, die Sie über Sachsen wissen sollten

Für Petra –

viel Vergnügen

beim Lesen!

Gunter Böhnke

19 IV 15

WESTEND

Mehr über unsere Autoren und Bücher:
www.westendverlag.de

Die Deutsche Nationalbibliothek verzeichnet diese Publikation in der Deutschen Nationalbibliografie; detaillierte bibliografische Daten sind im Internet über http://dnb.d-nb.de abrufbar.

FSC
www.fsc.org
MIX
Papier aus verantwortungsvollen Quellen
FSC® C083411

ISBN 978-3-86489-092-5

überarbeitete Neuausgabe 2015
Umschlaggestaltung: Buchgut, Berlin
Umschlagabbildungen: ullstein bild u. picture alliance
Autorenfoto: Susanne Friedrich
Typografie: Stefanie Silber Gestalten, www.silbergestalten.de
Satz: Publikations Atelier, Dreieich
Druck und Bindung: CPI – Clausen & Bosse, Leck
Printed in Germany

Inhalt

Vorwort

Ich war jetzt zum vierten Mal in Kreta. Die griechische Mittelmeerinsel fasziniert mich durch ihre Kargheit. Die Badebuchten am Libyschen Meer locken mit glasklarem Wasser. Ich werde wieder hinfahren. Oft werde ich gefragt, welche meiner zahlreichen Reisen ich am liebsten morgen wiederholen möchte. Die Antwort lässt nicht lange auf sich warten: Neuseeland. Seit einigen Jahren wird mir auch bei meiner alljährlichen Gastspielreise an die Ostsee warm ums Herz, sobald sich zwischen mir und dem Strand nur noch flaches Land zeigt.

Und doch empfinde ich erst ein echtes Glücksgefühl, wenn ich vom Rand des Elbtalkessels auf meine Heimatstadt blicke. Die ersten zwanzig Jahre meines Lebens habe ich in Dresden verbracht. Die Geburt im Krieg, die ersten Lebensjahre in einer zerbombten Stadt, der Wiederaufbau, Kinderdarsteller am Theater, sportliche Erfolge. So einfach ist das.

Nur damit Sie es wissen: Es gibt überhaupt keine einfachen Dinge in Sachsen. Alles, was einfach erscheint, wird bei der langwierigen Erklärung des Sachverhalts sofort wieder in Frage gestellt. Dabei wirkt der Sachse recht einfach strukturiert. Seine Charaktereigenschaften sind ja oft genug beschrieben worden: die überbordende Freundlichkeit, der tiefgreifende Verständnissinn und die bemerkenswerte Hilfsbereitschaft. Aber das ist nur die sofort sichtbare Oberfläche. Darunter schlummern Katarakte voller Misstrauen, Doppeldeutigkeiten und Hintersinn.

In der Argumentation spielen Redewendungen wie »Na wenn Se so wolln …« oder »Nadirlich gammor das ooch ganz andersch sähn« eine bedeutende Rolle. Dabei sind die unausgesprochenen Vorsätze durchaus schon gefasst und werden zielgerichtet umgesetzt.

Der Sachse erreicht also immer das, was er sich vornimmt. Wenn auch nicht auf dem direkten Weg. Er soll sich besonders zum Friseur oder Theaterdirektor eignen. Aber manchmal wird er auch König oder Kaiser. Nur Papst sind wir noch nicht geworden. Aber wir bilden Bundeskanzlerinnen aus! Das naturwissenschaftliche Denken ist uns also nicht gänzlich fremd. So kam Einstein zu einer Erkenntnis, die in ihrem tiefsten Grunde eine sächsische ist: Alles ist relativ.

Dennoch trieb der Absolutismus in Sachsen kunstvolle Blüten. August der Starke orientierte sich am französischen »Sonnenkönig«. Er hortete Kunstschätze und importierte italienische Architektur. Wie sich auch auf demokratischem Wege ältere Herrschaftsansprüche verwirklichen lassen, zeigt Ministerpräsident Stanislaw Tillich. Nach tausend Jahren hat bei uns wieder ein Sorbe die Macht.

Das haben Sie sicher nicht gewusst. Deswegen sage ich es Ihnen. Was Sie über Sachsen wissen sollten, werden Sie von mir erfahren. Natürlich gibt es zwei bis drei Dinge, die vielleicht auch noch mitteilenswert gewesen wären. Aber wir wollten den Titel des Buches nicht in »52 bis 53 einfache Dinge, die Sie über Sachsen wissen sollten« ändern.

Die Reaktionen auf mein Buch waren außerordentlich freundlich und vielfältig. Ein Freund hat tatsächlich Kapitel für Kapitel durchgearbeitet und mir viele Hinweise gegeben. Für Kritik bin ich besonders empfänglich. Der leider kürzlich verstorbene Otto Künnemann, intimer Kenner und Autor der sächsischen Geschichte, half mir, kleine Irrtümer zu beseitigen.

Ein Ehepaar aus Bad Godesberg wurde durch mein Buch in dem Gedanken bestärkt, seinen Alterswohnsitz nach Sachsen zu verlegen. Da bleibt mir nur noch: What will you more!

Ich habe also alle Hinweise und Anregungen gesammelt und schon war die neue Auflage fertig. Hier ist sie nun.

Und falls Sie wider Erwarten hier etwas lesen, das Ihnen schon bekannt war, dann ist es umso besser. Wiederholung festigt das Wissen. Wobei der Sachse generell nicht zur Wiederholung neigt. Denn diese widerspricht seiner ausgeprägten Neigung zur Innovation.

Sie werden auf den folgenden Seiten viel Charakteristisches über den Sachsen als Menschen und als Dichter, den Sachsen als Erfinder und als Revolutionär, den Sachsen als Leipziger, Dresdner und Chemnitzer erfahren. Wir werden Ihnen Essen und Trinken und Träumen in Sachsen nahebringen. Und Sie werden der sächsischen Geschichte wie der Geografie teilhaftig werden. Sie werden den Sachsen als Luther und als Wagner, als Nietzsche und als Karl May kennenlernen. Aber sie werden auch den Zusammenhang zwischen Sachsen und Angelsachsen verstehen. Und vor allem wird ihnen vorgerechnet, wie viele Teile des Sachsen sich im Deutschen und wie viele Teile des Deutschen sich im Sachsen finden lassen.

Gehen Sie mit uns auf die Suche!

I Der Sachse im Deutschen und der Deutsche im Sachsen – »Wenn Sie mal aus Deutschland rauswollen, fahren Sie nach Sachsen«

Als Sachse freue ich mich immer wieder, wie viel vom Sachsen ich bei anderen deutschen Stämmen entdecke. Andererseits muss ich mit leichter Wehmut zugeben, dass auch der Sachse nicht frei ist von Eigenschaften, die dem Deutschen zugeschrieben werden. Es ist müßig, »den Deutschen« oder »den Sachsen« zu beschreiben. Es bleibt eine Annäherung an das unbekannte Wesen. Wesensverwandt sind die Deutschen den Sachsen zweifelsfrei. Aber wer hat was von wem?

Als die Sachsen auf der Landkarte auftauchten, gab es von den Deutschen noch keine Spur. Zwar existierte das Wort »deutsch« schon früh, aber es bedeutete »Volk«. Also so viel wie »Das ist ja vielleicht ein Volk …«. Das heißt, jemand hat etwas für sich in Anspruch genommen, was es noch gar nicht gab, und hinterher so getan, als sei es schon immer seins gewesen. Das geht natürlich nicht! Wo kommen wir denn da hin?

Ganz anders die Sachsen. Die waren da. Natürlich auch dort. Also da und dort. Vor allem im südlichen Dänemark und im nördlichen Schleswig-Holstein. Und sie hatten ein Schwert: den »Sax«. Jeder hatte so ein Schwert. Zumindest jeder Sachse. Die Sächsinnen hatten einen blonden Zopf, manchmal auch zwei. Und deshalb nannten sie sich Sachsen – nicht wegen der zwei Zöpfe, sondern wegen der vielen Schwerter. Sie brauchten so viele Schwerter, weil sie kurz waren. Die Schwerter! Aber die Sachsen auch. Und heute gibt es da und dort noch Geschäfte, in denen Kurzwaren verkauft werden. Kurzschwerter allerdings nicht. Die sind verschwunden. Geblieben ist der Sachse.

Der Sachse hat also im Gegensatz zum Deutschen sich nicht etwas genommen, was ihm nicht gehörte, sondern hat das, was er hatte, abgegeben. Und das hat er auch später so gehalten. Nach dem Wiener Kongress von 1815 hat er sogar fast zwei Drittel seines Landes und die knappe Hälfte der Bevölkerung abgegeben – zwangsweise. An die Preußen. Und deswegen können die Preußen – die sich ja für die besten Deutschen halten – ihn nicht leiden, den Sachsen. Weil jetzt in jedem Preußen ein halber Sachse steckt. Oder in zwei Preußen ein Sachse.

Offiziell wird das natürlich verschwiegen. Wie sonst ist zu erklären, dass es zwar eine Stiftung Preußischer Kulturbesitz gibt, aber keine, die sächsischen Kulturbesitz verwaltet. Und verlangen Sie mal im Künstlerbedarf Sächsisch-Blau. Na, da werden Sie aber ausgelacht. Das ist ja ohnehin das Trauma des Sachsen: ausgelacht zu werden. Weil er zu kurz ist, weil er zu langsam ist und natürlich »wächn dor Schbraache«. Mit dieser können selbstverständlich weder das Stakkato der norddeutschen Dialekte noch der breitmäulige Brei des Bayerischen konkurrieren. Die dem Sachsen nachgesagte Langsamkeit findet sich schon eher in anderen deutschen Landen. Fahren Sie mal nach Hessen oder ins Rheinland!

Aber wie ist es nun mit dem Deutschen im Sachsen? Wir wissen ja schon, dass der Deutsche eigentlich gar nicht existiert und dass der Preuße im Deutschen eigentlich ein halber Sachse ist. Und doch entwickeln manche Sachsen Charaktereigenschaften, die dem Wesen des sächsischen Menschen nicht entsprechen. Ich denke dabei nur an den Aufzeichner Heinrich Zille. Er hätte sich ganz anders entwickelt, wäre er in seinem Geburtsort Radeburg geblieben. Und doch wirkt ein Sachsen-Gen in Zilles volkstümlichem Humor nach.

Wie sehen nun aber andere Nationen den Sachsen? Am sympathischsten sind mir die Finnen. Bei denen heißt der Deutsche »Saksa«. Das heißt, der Deutsche profitiert davon, dass der Sachse im Ausland so hoch geschätzt wird. Sein Name wird pars pro toto. Wie kommt der Finne zu dieser Wertschätzung? Ganz einfach: Er ist dem Sachsen schon mal begegnet. Da die Sachsen einst im heutigen Süddänemark siedelten und die Urfinnen mit ihren riesigen Rentierherden bis dorthin vorstießen, kam es schon in grauer Vorzeit zu Verbrüderungen über Ländergrenzen hinweg. Oder ein Finne entführte eine dralle Sächsin zur Freude und zur Blutsauffrischung des ganzen Stammes. Da floss der Met in Strömen, es wurde Metwurst gegessen und die Meteorologen bestellten schönes Wetter.

Anders dagegen die Franzosen. Sie haben mit den Sachsen leider nicht die besten Erfahrungen gemacht. Napoleon hat sich um die Entwicklung der bürgerlichen Nation große Verdienste erworben. Die Einführung des *Code civil* bedeutete für Europa einen Schritt hin zur Emanzipation vom System der Monarchie. Da der neue Stern am europäischen Himmel mit nur vier Stunden Schlaf auskam, hatte der kleine Mann genügend Zeit zum Nachdenken. Vielleicht auch zu viel Zeit. Denn nachdem er meinte, die Entwicklung des bürgerlichen Zeitalters genügend befördert zu haben, kam er auf die Idee, nicht nur die Franzosen und die Deutschen damit beglücken zu wollen, sondern auch die Russen und die Ägypter. Die Deutschen waren natürlich Napoleons natürlichen Verbündeten. Schließlich war sein Bruder König von Westfalen. Und die Sachsen dienten ihm besonders treulich. War doch Napoleons Schwester lange Zeit mit einem Rittmeister aus Sachsen liiert!

Die Sachsen zeigten sich seiner Zuneigung würdig, indem sie viele französische Wörter in ihre Sprache aufnahmen, die erst dort ihren wahren Wohlklang gewannen. Meine Großmutter klagte oft, sie fühle sich heute »malade«, ihr sei »bliemerand« zumute und ich sollte keine »Fissemadenzchen« machen. Und eine der größten Erfindungen in Europa, das Meißner Porzellan, heißt wiederum – wie könnte es anders sein – »le saxe«!

Also wäre zwischen den Sachsen und den Franzosen alles in Butter, könnte man meinen. So schien es auch bis zu dem verhängnisvollen 18. Oktober 1813. Da merkten die Sachsen nämlich, dass sie aufs falsche Pferd gesetzt hatten. (Wobei es ziemlich unverschämt war, Napoleon mit einem Pferd zu vergleichen.) Dann entdeckten sie die deutsch-sowjetische Freundschaft – pardon: die deutsch-russische natürlich – und schwuppdiwupp drehten sie einfach die Gewehre um. Die Franzosen blickten plötzlich nicht mehr auf die mit Brot aus Kuhschnappel und sächsischen Wurstwaren gefüllten Tornister ihrer Verbündeten, sondern in deren Gewehrmündungen. Und in diesem Augenblick wurde ein Wort geboren, dass leider direkt in die französische Sprache eingegangen ist: »saxonner«. Damit wird ein Verhalten bezeichnet, dass nicht gerade als fein empfunden wird: Jemand macht plötzlich genau das Gegenteil, von dem, was er mit anderen vereinbart hat. Wir kennen den Wortinhalt auch in Deutschland. Dort wird es so bezeichnet: Wahlversprechen.

Interessant ist auch, dass es im alten Rom schon ein Reisebüro für Ausflüge nichtmilitärischer Art nach Sachsen gab: die Saxosus-Reisen. Und die Reisenden führten auch immer etwas mit, für den Fall, dass sie bei den alten Germanen in einen Hinterhalt gerieten und den Reiseführer als Pfand übergeben mussten: ihr steinernes Opfermesser, das »saxum«.

Übrigens stammt unser Geld – also die »Penunsn« – aus dem Polnischen: »pienadze«. Und unser Wort für trinken heißt »biedschn«. Das wiederum hat den Tschechen so gut gefallen, dass sie die gleiche Tätigkeit »pietsch (pic)« nennen. Cool, wa?

Im Ungarischen heißt der Sachse »Hundertsasa«. Und der kommt gleich nach dem Tausendsasa! Allebonnähr!

Und der Bulgare nickt mit dem Kopf, wenn er verneint. Und schüttelt den Kopf, wenn er zustimmt. Das hat er natürlich dem Sachsen abgeguckt, besser abgehört: Wenn wir etwas strikt verneinen, dann benutzen wir dazu das Wort »ja«, wir sagen nämlich »ächá«!

Wenn wir in Italien auf einem Verkehrsschild »Strada dissolata« lesen, müssen wir es nur sächsisch aussprechen, und schon kommt man der Warnung ganz nahe, noch ehe das rechte Vorderrad in einem abgrundtiefen Schlagloch verschwinden kann: Es muss sich um eine »dessolahde Schdrahse« handeln. Falls Sie in einem englischen Pub das Wort »ale« hören, denken wir sofort an die Redewendung »Das geht dir runter wie Eel«. Es kann sich also nur um etwas Angenehmes handeln. Und dem ist ja auch so: Es ist Bier! Das Sächsische kann auch als Hilfsmittel zur Aussprache des Englischen dienen. Im Englischunterricht versuchte ich vergeblich, den Schülern in Leipzig die Aussprache des Wortes »toast« beizubringen. Es klang immer wie »toost«. Dann bat ich sie, mal »Oma« zu sagen. Sofort schallte mir ein glückliches »Ouma« entgegen. Ich bat die Schüler, die Aussprache des o auf »toast« zu übertragen. Und schon ging's!

Als Deutscher im Ausland und als Sachse in Deutschland macht man ähnliche Erfahrungen: »Mor wird vergaggeierd un manschesma sinn die andern ooch ganz scheen mehschand!« Oder wie Karl Valentin sagte: »Fremd ist der Fremde nur in der Fremde.« In Sachsen dagegen sind viele Fremde heimisch geworden. Auch wenn sich das ein deutscher Dichter vor achtzig Jahren – noch dazu politisch total unkorrekt – nicht vorstellen konnte: »Man kann sich einen Franzosen vorstellen, der Englisch spricht. Man kann sich auch einen Amerikaner vorstellen, der richtig Englisch spricht. Man kann sich zur Not auch einen Engländer vorstellen, der Französisch spricht. Ja, man kann sich sogar einen Eskimo vorstellen, der italienische Arien singt. Aber einen Neger, der sächselt: Das kann man sich nicht vorstellen.« Irrtum, Herr Tucholsky!

Und so könnte man Nationen nennen ohne Ende, die vom Sachsen profitieren. Der Sachse hat immer eine Sonderstellung. Er scheidet die Geister. Im Deutschen und im Ausland. Diese Sonderstellung hat Dieter Wildt so beschrieben: »Sächsischer

Patriotismus. Das heißt: ein wenig Stolz auf diese Landschaft Obersachsen, wo es immer mehr uneheliche Kinder gegeben hat als im Durchschnitt Deutschlands und auch mehr Selbstmorde, aber weniger Opfer der akuten Blinddarmentzündung, des Totschlags oder Mordes. Wo es weder Deutschlands größte Seen gibt noch breiteste Ströme noch größte Inseln, und wo es dennoch dreimal soviele Schwimmvereinsmitglieder pro Kopf gab als in allen anderen deutschen Landen.«

Da kann es nicht verwundern, dass der langjährige Thomaskantor Johann Sebastian Bach in Leipzig jubelte: »Frohes Volck, vergnügte Sachsen, sehet Heil und Wonne wachsen.«

2 *Die sächsische Sprache – den Unterkiefer vor »un de Schbraache rausschdreem lassn«*

Die sächsische Sprache ist meine Muttersprache, mit der ich mich in ganz Sachsen ungehindert bewegen kann. Einfach und unkompliziert. Hört man jedoch genauer hin, so kann jeder feststellen: Ich spreche wie die meisten Leipziger südwestosterländisch, eine der 21 sächsischen Mundarten. Denn der Sachse ist variabel. Schon hinter der Mulde wird nordmeißnisch gesprochen. Aber wir verstehen uns trotzdem. Und der Sachse Luther hat aus Osterländisch und Meißnisch seine obersächsische Bibelübersetzung gebaut. Denn er wusste: »Die sächsische Sprache gehet fein leise und leicht ab.« Übrigens heißt die vornehmste Variante bei uns in Leipzig »Gewandhaus-Sächsisch«. Weil die Besucher des altehrwürdigen Gewandhausorchesters sich in den heiligen Hallen nicht als Sachsen zu erkennen geben mochten, versahen sie ihre Muttersprache mit besonders vielen harten

Konsonanten. In der Pause konnte man dann auf den Gängen Sätze vernehmen wie diesen: »Also ich tänke, tas Atatschio in ter Sinfonie von Pruckner war pesonders peeintruckent.« In der Landeshauptstadt nennt man das »Kulturdresdnerisch«.

Unsere Muttersprache unterscheidet sich durch wesentliche Aspekte von allen anderen in deutschen Landen. Vor allem wird sie geprägt durch eine Intonation, die ihresgleichen sucht. Die Musikalität und Dehnbarkeit des Sächsischen ist unerreicht. Dazu kommen eine ungeheure Langsamkeit – Herr Nadolny hätte seine Freude – und das fast völlige Verzichten auf Basstöne. Es gibt wohl keine Sprache hierzulande, die so vieldiskutiert ist wie die sächsische. Meist wird sie lächerlich gemacht und dilettantisch imitiert. Schon in den zwanziger Jahren des letzten Jahrhunderts meinte der sächsische Schriftsteller Hans Reimann: »Jedes Volk spricht den Dialekt, den es verdient. Wir Sachsen sind unseres Dialektes wert. Er ist breiig, schwabbelig, verwaschen.« Und seither wurde die Sprache der Mitteldeutschen immer wieder zum Synonym für Einfalt, Trägheit und penetrante Gemütlichkeit. Der Herr Reimann sollte sich was schämen! Das tat er aber nicht, sondern er haute stattdessen ab – in den Westen. Und das schon Ende der zwanziger Jahre.

Walther Appelt aus Oschatz dagegen schrieb eine Verteidigung der sächsischen Sprache:

Ich bin ein Sachse, kennt ihr meine Schbrache?
Ihr kennt sie nich, ihr bilded's eich bloß ein!
Denn was ich auch erzähl unn was ich sahche,
ihr denkt ja doch bloß, das soll'n Witze sein!
Ihr habbt ähm kee Frschdändnis,
eich fehlt die Menschenkenndnis:
Ihr denkt, mier Sachsen sinn ä deidscher Schdamm,
damit die andern was zu feixen hamm!

Vielleicht trägt unser Konsonantenproblem dazu bei. Sie wissen sicher schon, dass wir unseren Kindern zuallererst den Unterschied zwischen »Birnbaum-B« und »Babbelbaum-B« beibringen müssen. Beide Bäume beginnen mit einem weichen »B« – aber geschrieben werden sie nicht gleich! Die oberste sächsische Konsonantenregel lautet: »De Weechn besiechn de Hardn!« Einmalig auf der Welt, dass die Weichen gewinnen! Sächsisch wird dadurch zu einem außerordentlich ökonomischen Dialekt. Die Anzahl der Konsonanten verringert sich auf 14: P und T entfallen sowieso. Und X, C, Q brauchen wir auch nicht! Das K allerdings wird – besonders im Dresdner Raum – alternativ zum G genutzt: Der Sachse fährt sein »Audoh« in die »Karasche«!

Überhaupt ist das Sächsische durch Sprachökonomie geprägt. Das beginnt schon beim bestimmten Artikel: »dr« Mann, »de« Frau, »s« Kind. Hier werden drei Vokale eingespart, die an anderer Stelle zusätzlich nutzbringend eingesetzt werden können. Auch der unbestimmte Artikel gestaltet sich kurz und schmerzlos: »ä« Mann, »änne« Frau, »ä« Kind. Es gelingt auch hier eine erkleckliche Einsparung. Und darüber hinaus lassen sich die sächsischen Formen wesentlich leichter aussprechen als die hochdeutschen. (Kleiner Tipp: Einfach den Unterkiefer vorschieben und »de Schbraache rausschdreem lassn«!)

Wichtig ist außerdem die »sächsische Lautverschiebung« von a zu o. So gab es in der DDR eine Stadt mit drei o: Korl-Morx-Stodt! Natürlich gibt es auch eine für uns typische Konsonantenverschiebung: b wird w (»Farwe«, »Silwe«, »Älwe«). Dabei darf man das Plural-m nicht außer Acht lassen: Farben werden zu »Farm« und Silben zu »Silm«!

Auch grammatisch hat die sächsische Sprache einiges zu bieten. Frappierend ist der sächsische Genitiv: Man sagt nicht »Das ist Peters altes Fahrrad«, sondern »Das ist dem Peter seine Schmedde«. »Monikas Kuchen« wird zu »Mounigahn ihre Bäwe«! Und der Sachse hat eine ihm eigene Art, Aussagen zu verstärken. »Das is ja ä scheenes Wädder heide« wird zu »Das is ja ä scheenes Wädder heide is das«. Der höfliche Sachse benutzt »Sie« statt »Ihnen« und ergänzt ein zusätzliches »Sie«: »Das Eene kann ich Sie sagen: Der hat Sie ä Geld hat der Sie!«

Die schönsten sächsischen Wörter beginnen übrigens mit L: »ä Leedgolm« ist eine Nase, »ä Luhladsch« ist ein Riesenkerl, »Lohdn« sind lange Haare, »laadschn« bedeutet gehen und »ä Laadsch« ist entweder dünner Kaffee oder ein Filzpantoffel. Wobei heute vor allem die zweite Bedeutung im Bewusstsein geblieben ist.

Es gibt natürlich auch in der sächsischen Sprache viele Veränderungen, die von jeder Generation gegenüber der vorhergehenden wahrgenommen werden. Was bei meiner Großmutter noch zur Alltagssprache gehörte, ist heute der jungen Generation ein Buch mit sieben Siegeln. Ich erinnere mich an Aussprüche wie »Das ist ja ein mehschandes Weib« oder »Bleibe offm Driddewahr!« Wer erkennt heute darin noch das bösartige Frauenzimmer und den Fußweg? Und wer weiß außerhalb Sachsens, was eine »Fusselzutsche« ist? Oder gar ein »Hahnepennern«? Wir wissen natürlich, dass es sich um einen Staubsauger und um das Dachgeschoss handelt.

Die soziale Schichtung wird heute mehr denn je über die Sprache reflektiert. Meine Enkeltochter spricht ein lupenreines Hochdeutsch. Obwohl ihre Mutter Dresdnerin und ihr Vater Leipziger ist. Dass die kleine Clara das Gymnasium besuchen wird, steht außer Frage. Ihre Klassenkameradin, deren Vater Schlosser ist, sächselt wie Richard Wagner, also »wie Sau«. Ihr Bildungsweg wird nach der 10. Klasse enden. Hat Nietzsche eigentlich gesächselt?

Übrigens wurde ich bei meinem Eintreffen in Leipzig im Jahre 1963 von den Einheimischen sofort als Dresdner erkannt. Das lag vor allem an dem Gebrauch der Verneinung. In Dresden sagt man: »Das geht ni!« Während der Leipziger sich bei gleichem Sachverhalt ganz anders äußert: »Das geht nich!« Ansonsten singen die Dresdner beim Sprechen – behaupten die Leipziger. Und wer Sächsisch in einem Singsang hört, der selbst *Madame Butterfly* in den Schatten stellt, der befindet sich in Chemnitz.

Im Sächsischen zeigt sich auch deutlich der Zusammenhang zwischen Sprache und Charakter: Befehle klingen im Sächsischen wie butterweiche Angebote zum Nachdenken über die Entscheidung, ob der Befehl denn eigentlich als solcher zu verstehen sei. Im Siebenjährigen Krieg soll der Befehl zum Kampf Mann gegen Mann dazu geführt haben, dass ein Soldat rückfragte: »Saachn Se mal, Herr Haubdmann, gänn Se mir mein Mann vorleichd zeichn? Ich dähde mich dann giedlich mid dähm einichn!« Die deutschen Dichter des 18. und 19. Jahrhunderts haben das Sächsische stets zu loben gewusst, von Goethe über Fontane bis Grabbe. Da wimmelt es nur so von Eigenschaftswörtern wie zeitlos, zierlich, zart und fein. Und natürlich bezog sich das damals auf die ganz normale Alltagssprache, wie sie überall in den sächsischen Städten zu hören war. Aber das hatte Luther, der mit seiner Bibelübersetzung die deutsche Sprache wesentlich beeinflusste, ja schon 200 Jahre früher bemerkt und genutzt. Und das steht in keinem Widerspruch zum Gebrauch deftiger Ausdrücke, denn der ehemalige Mönch hatte dem Volk wahrlich aufs Maul geschaut.

Manche Zeitgenossen halten das Sächsische aber weder für eine Sprache noch für einen Dialekt, sondern einfach für eine Maulfaulheit. Sie begründen dieses Vorurteil mit verschluckten Endsilben, verweichlichten Konsonanten und unverständlichen lexikalischen Kurzformen. Kein Wort davon, dass Sächsisch der musikalischste Dialekt Deutschlands ist oder dass Sächsisch auf der ganzen Welt gesprochen wird. (»Wenn du ein stilles Plätzchen fandest, sei's deiner Heimat fern, sei's nah, wenn du bei den Lofoten landest – ein Sachse ist gewiß schon da!« – so der Preuße Ernst von Wolzogen in »Unsere lieben Sachsen«, 1894)

Herrschende Ideologien diktatorischen Zuschnitts hatten mit dem Sächsischen immer ihre Probleme. Die Nationalsozialisten verboten alle sächsischen Texte. Und unter Ulbricht durfte auf der Kabarettbühne kein Funktionär Sächsisch sprechen. Denn die Partei argwöhnte immer und überall eine Parodie auf den hochverehrten Staatsratsvorsitzenden.

Sächsisch ist aber auch Philosophie. Nicht nur, weil Nietzsche und Zille Sachsen waren, sondern weil das Sächsische per se eine Vielzahl philosophischer Gedanken transportiert: »Der Sachse denkt wie die Katze um den heißen Brei.« Nun werden Sie fragen: Kann Sprache so etwas leisten? Sprache vielleicht nicht, aber das Sächsische. Das Sächsische ist Philosophie an sich so wie das Kantsche »Ding an sich«. Das Sächsische berührt die Tiefen der menschlichen Seele. Es erfasst das, was die Welt im Innersten zusammenhält. Nicht umsonst hat Schopenhauer sein Hauptwerk in Dresden geschrieben. Und Gottsched, Lessing und Gellert – ohne den sächsischen Sprachraum wären ihre Werke nicht denkbar. Deshalb entstand auch in Weimar – das damals zu Sachsen gehörte – schon im 17. Jahrhundert die erste deutsche Gesellschaft zur Pflege der deutschen Sprache, die »Fruchtbringende Gesellschaft« – na, wenn das nischd is! Und ein sächsischer Professor, nämlich Christian Thomasius, hielt seine Vorlesungen als erster Deutscher nicht auf Lateinisch, sondern auf Deutsch!

Hans Reimann, der sich als Sachse über die Sachsen lustig machte, konnte sich der philosophischen Dimension seiner Muttersprache auch als Emigrant in Hamburg nicht entziehen: »Wenn de ä baar Laadschn hast, un der eene is weg; da nidzn dir alle beede nischd mehr!«

3 *Der gemütliche Sachse – »manchesma ä bissel heemdiggsch*«*

Der gemütliche Sachse heißt eine Zeitschrift, die in den zwanziger Jahren des vorigen Jahrhunderts nicht nur in Sachsen Furore machte. Denn sie titelte mit der Totschlageigenschaft des Sachsen: der Gemütlichkeit. Damit war der Sachse als Mensch und Bürger vollkommen.

Sämtliche Charaktereigenschaften, die dem Nichtsachsen zugeschrieben werden, verblassen hinter dem Synonym für den – im weitesten Sinne – deutschen Wesenszustand. Nicht umsonst weiß die englische Sprache für Gemütlichkeit kein eigenes Wort zu finden. Zur Not werden die Umlautzeichen eingespart. Aber »Gemutlichkeit« bleibt es dennoch. Im größten englischen Wörterbuch finden wir als Erklärung für »gemütlich« das Wort »genial«. Das gefällt mir schon besser: der geniale Sachse. Zwei Zeilen darunter: »Genial« bedeutet hier »sympathisch« und »fröhlich«. Na und? Ist doch auch nicht schlecht!

Erich Kästner hat den gemütlichen Sachsen in »Als einer über den Dialekt lachte« mit tiefer Zuneigung beschrieben:

Mir sinn nich so gemiedlich wie mir sprechen.
Wir hamm, wenn's sein muß, Dinamit im Blut.
Da gennse Gift droff nähm, dass wir uns rächen.
Na, ihr Gesichte merkt sich ja ganz gut.
Wir wärn ihn schon noch mal de Gnochen brächn.
Nur Mut!

Nun gut, Gartenlaubenromantik mag etwas anders aussehen. Aber im Grunde genommen sind es doch gerade die den Sach-

---

* heimtückisch

sen auszeichnenden Eigenschaften, welche der landläufigen Vorstellung von Gemütlichkeit nicht direkt entsprechen. Allem voran sein Erfindungsgeist. Was haben die Sachsen nicht alles erfunden! Vor allem Dinge mit »M«: das Meißner Porzellan, den Melitta-Kaffeefilter und das Malimo-Handtuch. Ach, und noch was mit »m«:die Ther*m*oskanne.

Die größten Erfindungen der Neuzeit gelangten dem Sachsen jedoch nach dem Bau der Deutschland trennenden Mauer. Um sie zu überwinden, wurden im wahrsten Sinne des Wortes Himmel und Erde in Bewegung gesetzt. Vom legendären Fluchttunnel an der Bernauer Straße in Berlin über den doppelten Boden im Pkw bis zur Flucht im Ballon aus Betttüchern mit einem Gaskocher als Heißluftquelle – der Erfindungsgeist der Sachsen war eben grenzenlos! (Übrigens wurden die zur spektakulären Flucht benutzten Betttücher danach in der DDR nicht mehr produziert.)

Aber es ist nicht nur der Erfindungsgeist des Sachsen, der seine Gemütlichkeit in Frage stellt. Auch die Entdeckerfreude der Mitteldeutschen entspricht nicht ihrem landläufig verbreiteten Bild. Denn gemütlich waren sie ja nicht gerade, die Reisen nach Australien, durch die Wüste Sahara oder zum Nordpol – das wusste schon Otto Reutter (1870–1931):

Und fahren wir zum Nordpol, es kommt soweit,
da fahr'n wir dorthin zur Reisezeit,
vergessen die Kälte, sind ganz in Bann.
Da tönt's schon: »Ich hab keene Pulswärmer an,
und e Schäälchen mit Heeßen jetzt wär 'ne Arznei!«
Ein Sachse ist immer dabei.

Und Sam Hawkens, der neben Old Shatterhand den Wilden Westen eroberte, war auch kein Weichei aus dem sächsischen Schrebergarten. Carl Rudolph Bromme aus Anger-Crottendorf bei Leipzig befehligte die kaiserliche deutsche Seekriegsflotte und Manfred von Ardenne entwickelte die Mehrschritt-Sauerstofftherapie. Daran ist nichts Gemütliches.

Und auch der Sachse Walter Ulbricht war keineswegs gemütlich. Ganz zu schweigen von den »Vopos« an der innerdeutschen Grenze. Spätestens hier muss die dem Sachsen zugeschriebene Wesenseigenschaft als Missverständnis erkannt werden. Wir verweisen also den »gemiedlichen Saggsn« ins Reich der Legende.

Ab und an stößt man bei Abhandlungen über den Sachsen und seine Charaktereigenschaften unter der Rubrik »gemütlich« auf den »Kaffeesachsen«. Dort gehört dieser natürlich nicht hin. Denn das Kaffeetrinken ist eine Philosophie, kein Gemütszustand: »Manche Velker, ’s is ne Sinde, drinkn Gaffee, digg wie Dinde. Eene Bohne schon genieschd, dass sich’s Saggsnherz vorgniechd.« Deswegen werden Sie in Sachsen auch kaum eine Kaffeetasse mit Sprung finden. So stark ist unser »Bliemchengaffee« nicht. Der heißt übrigens so, weil er so dünn ist, dass man die Blümchen auf dem Boden der Tasse deutlich erkennen kann. Die Steigerung ist »Schwerter-Gaffee«. Da kann man die Meißner Schwerter unter der Tasse sichten. Über den »Doppelbliemchen-Gaffee« und »Doppelschwerter-Gaffee«, bei dem der Blick die Untertasse erreicht, wollen wir hier dezent schweigen.

Dass die Bezeichnung »Kaffeesachse« von einem Preußen stammen soll, stört uns nicht: Friedrich II., genannt »der Große«, wollte im Siebenjährigen Krieg die Sachsen schlachten. Als diese nicht auf dem Schlachtfeld erschienen, schickte er einen Boten aus. Der Bote berichtete, dass die Sachsen im Zelt der Marketenderin säßen und Kaffee söffen. Und da soll der große Friedrich wütend gerufen haben: »O, diese verfluchten Kaffeesachsen!« Wir lassen uns doch nicht von einem Preußen beschimpfen! Dor Gaffeesaggse is doch ä Sinoniehm for

Bach und Beethoven, for dä Budderbemme und'n Bilcherchor! Hier die Beweise: Ein Ehepaar sitzt im *Tannhäuser*. Der Pilgerchor tritt auf. Die Frau zu ihrem Mann: »Bilcherchor, horche zu!« Der Mann: »Das heersde doch glei, dass das ä billcher Chor is!« Und Bach lässt seine *Kaffeekantate* tönen:

Die Mutter liebt den Coffee-Brauch,
die Großmama trank solchen auch,
wer will nun auf die Töchter lästern?
Die Sachsen bleiben Coffee-Schwestern.

Wenn das Kaffeetrinken für den Sachsen eine Philosophie ist, so ist das »Didschn« eine Weltanschauung. Obwohl der »Kaffeesachse« natürlich genauso gut »Kartoffelsachse« heißen könnte – in Sachsen werden nachweislich mehr Kartoffeln gegessen als Kaffee getrunken wird –, ist es eine Legende, dass er Kartoffeln in den Kaffee eintaucht, also »didscht«. Zum »Didschn« benutzen wir nur Brötchen, Kuchen, Weihnachtsstollen (Vorsicht! Rosinen rausfischen!), Bemme (kein Fettbrot!) oder Filinchen (verbiegen sich!) und wer im Urlaub ist und Zeit hat, kann auch Pumpernickel nehmen – zwei bis drei Tage, dann wird er weich!

Als Beleg für den ungemütlichen Sachsen noch ein paar Redewendungen: »Nu käs (oder kloß) dich endlich aus! Mach mich nich meschugge! Nu mähr dich doch ma aus! Mache hin! Un halte endlich de Gusche!«

Und wieder ist es Hans Reimann, der doch Gemütlichkeit beschreibt (»Zwei Sachsen im Zug«), aber eine, die weit mehr ist als die landläufige:

»Sahche ma, sinn das Tschechn in dein Gubeh?«*
»Nee, Berliner. Änne eegelhafte Gesellschaft!«
»Wieso denn?«
»Na, dähn ihre Schbrahche!«
»Die gefällt dir wohl nich?«
»Färchderlich!«
»Das gännde ich nich saachn.«
»Das is doch nich dei Ernst?«
»Nu euja! Ich finde das direggd schigg, wie de Berliner reedn.«
»Du findsd das schigg?«
»Nu!«
»Das hab ich ooch noch nich geheerd!«
»Nu da heersdes ähmde jedzd! Ich finde ja sogar bayrisch scheen!«
»Nu bayrisch gefälld mir ooch!«
»'S is eechentlich schade, dass mir Saggsn geen Dialäggd hamm!«

4 Der sächsische Erfinder – vorwiegend Sachen mit »M«

Wenn Sie ein neues Ziel mit bekannten Mitteln erreichen oder ein bekanntes Ziel mit neuen Mitteln oder ein neues Ziel mit neuen Mitteln, dann sind Sie ein Erfinder. Das hatte auch die Dresdnerin Christine Hardt angepeilt, als sie 1899 ihren Büstenhalter patentieren ließ. Es handelte sich dabei um zwei zusammengeknüpfte Taschentücher, die durch Männer(!)hosenträger gehalten wurden. Und schon war sie Erfinder(in). Und das mit Recht! Sie erfüllte sogar alle drei Kriterien für eine Er-

* Coupé, Abteil

findung. Die Mittel waren bekannt. Schon in der Antike hatten sich die Frauen beim Sport die Brüste zeitweilig mit einem Tuch festgebunden. (Aber ohne Vertikalverzurrung!) Frau Hardt erreichte ein neues Ziel: Die Brüste blieben oben. Dauerhaft. Und sie erreichte ein bekanntes Ziel (oben bleiben!) mit neuen Hosenträgern sowie mit denselben ein ganz neues Ziel: standhaft oben bleiben.

Der letzte Schrei in dieser Zielsetzung – Implantate – hat sich als »Luftnummer« erwiesen. Ich sage nur: PIP.

Der sogenannte »gemütliche Sachse« bewies seinen Erfindungsgeist schon, was Sachen mit »M« betrifft. Marginal, kann ich dazu nur sagen, wenn man den Gesamtumfang seines erfinderischen Schaffens betrachtet. Wenn wir uns im Alltag umsehen, werden wir kaum einen Gegenstand oder eine Sache entdecken, die der Sachse nicht erfunden oder wenigstens in ihrer Entstehung wesentlich beeinflusst hat.

Was ist neben dem Fernsehen und dem dadurch propagierten Sport des Deutschen Lieblingskind? Natürlich das Auto. Und in der Spitzengruppe: der Audi. Nun wird der Spitzfindige sofort vermuten, Audi und Auto stünden beim Sachsen in einer auf Dialektfärbung beruhenden Beziehung. Dem ist nicht so! Audi ist keineswegs die sächsische Koseform von Auto. Die beiden Wörter besitzen – und das dürfte nicht ganz unbekannt sein – zwei unterschiedliche Wortstämme: Ein »Automobil« ist ein Selbstbeweger, »Audi« dagegen die lateinische Befehlsform singularis des Wortes »hören«. Also »Hör(e)!« oder »Horch!« Und Horch war der Name des legendären frühen Automobils des Zwickauer Ingenieurs gleichen Namens. Also einen Bezug gab es schon …

Die großen Erfindungen der Sachsen sind weitgehend bekannt (die Reihenfolge bedeutet keine Wertung!): der Büstenhalter von Christine Hardt (1899), der Bierdeckel von Robert Sputh (1892), das Mundwasser von Karl August Linger (1892), der Teebeutel von »Teekanne« (1929) und die Trommelwaschmaschine von Louis Krauss (1902). Aber wem ist heute noch bewusst, dass es sich um eine sächsische Erfindung von Carl Kohl aus Chemnitz handelt, wenn man ein paar Seiten mit dem Akten-Dulli (1939) oder Heftstreifen zusammenheftet, um sie in einem Leitz-Ordner aufzubewahren? Oder wer weiß, dass es in Namibia, im fernen Südwestafrika, Sportgeräte gibt, die aus Chemnitz stammen? In der langsam im Wüstensand versinkenden Geisterstadt Kolmanskop entdeckte ich in der Turnhalle an einem Barren die Inschrift »Dietrich & Hannak, Chemnitz-S.«. Ob diese Sportgeräte-Baufirma den Barren wirklich erfunden hat, ist zweifelhaft. Aber der sächsische Erfindungsgeist überspringt Kontinente!

Das mussten sogar die Preußen einräumen. Theodor Fontane schrieb über die Sachsen: »Sie sind die Überlegenen, und ihre Kulturüberlegenheit wurzelt in ihrer Bildungsüberlegenheit, die nicht vom neuesten Datum, sondern fast vierhundert Jahre alt ist.«

Wir könnten heute nichts aufschreiben ohne das in Sachsen 1843 von Friedrich Gottlob Keller erfundene Holzschliffpapier. Hätte Johann Friedrich Böttger das Porzellan nicht erfunden, würden wir heute Kaffee aus Pappbechern trinken – na, das wäre ja vielleicht stillos! Und ohne den Rechenmeister Adam Ries (nicht Riese!) wüssten wir nicht, was 1 × 1 ist.

Am Rande Dresdens, kurz vor der angrenzenden Stadt Radebeul, steht an einer Straßengabelung ein futuristisch anmutendes Gebäude, die Li-il-Fabrik. In den Nachkriegsjahren gab es dort noch Vorkriegsbestände der bei Sammlern gefragten Chlorodont-Bilder. Das waren Werbebildchen, wie sie auch von Zigarettenherstellern verbreitet wurden. (Ich besitze noch ein Album über den deutschen Fußball mit solchen Zigarettenbildern.) Besonders gefragt waren »Chloros mit Beschribs«, also Chlorodont-Bilder, auf denen neben dem Namen des darauf abgebildeten indischen Elefanten zum Beispiel noch eine Beschreibung seiner Lebensgewohnheiten und seines Verbreitungsgebietes abgedruckt waren. In ebendieser Li-il-Fabrik ist die Zahncreme erfunden worden, die vor dem Krieg mit »Chlorodont« gleichgesetzt wurde. Heute erstrahlt das früher unscheinbare Gebäude wieder in schneidendem Stahlgrau. Es steht wie ein mächtiges Schiff in der Straßengabelung, und die spitz zulaufende Hausfront weist auf die Leipziger Straße. Welche Symbolik!

Der »Erfinder« des Maschinenbaus saß in Chemnitz und hieß Hartmann. Über mehr als hundert Jahre beherrschte die Familie den Maschinenbaumarkt. Bis die DDR-Mächtigen aus Chemnitz Karl-Marx-Stadt und aus der Hartmannschen Maschinenfabrik den Volkseigenen Betrieb Maschinenbaukombinat machten.

Man kann die Geschichte der sächsischen Erfindungen auch so erzählen: Zuallererst erfand der liebe Gott einen stämmigen Sachsen und eine zierliche Sächsin. Sie hießen Boudoh und Gahroliehne. Als sie wegen des notorischen Bisses in einen Dürrweitzschener Apfel aus dem Paradies vertrieben wurden, bekamen sie für die Reise jeder ein Malimo-Handtuch und eine Flasche Mineralwasser. Boudoh erhielt eine Kleinbildkamera und Gahroliehne einen Lodenmantel. So waren sie gut gerüstet für das Leben auf der Erde. Gahroliehne trug eine schicke Bluse aus Plauener Spitze und Boudoh trank Weinbrand. Später saß sie am mechanischen Webstuhl und er spielte auf der Silbermannorgel, wenn er nicht gerade die Tageszeitung las. So lebten sie glücklich und zufrieden bis ins hohe Alter, mit Kühlschrank, Tonband und Nullenzirkel.

5 *Die sächsische Geografie– von der Leipziger Tiefebene zum Fichtelberg*

»Wie heißt das Land, wo die schönen Mädchen auf den Bäumen wachsen?« Nein, es handelt sich nicht um Thüringen, wie man mir in Weimar einreden wollte! Allein der Reim des alten Sprichwortes erfordert es schon: Sachsen! Und wo drückt sich die Harmonie und Ausgeglichenheit der Landschaft so direkt im Charakter der dort lebenden Menschen aus? Auch klar, in Sachsen. Von der Leipziger Tieflandsbucht bis zum Erzgebirge, von den Saalfelder Feengrotten bis zum Lausitzer Bergland und vom Elster-Saale-Kanal bis in die Sächsische Schweiz. Nun gut, Saalfeld liegt jenseits der sächsischen Grenze. Aber gefühlsmäßig passen Feen und Elfen eben besonders gut nach Sachsen. Doch wir können auch geografisch korrekt sein. Sagen wir also: von Bad Elster bis ins Elbsandsteingebirge.

Als ich Kind war, bedeuteten die sächsischen Landschaften für mich Freizeitvergnügen und sportliche Betätigung. In die Sächsische Schweiz fuhren wir auf der Elbe mit der »Weißen Flotte« zum Wandern. Ins Erzgebirge mit dem Wintersportsonderzug zum Skifahren. Und an die Moritzburger Teiche mit dem Fahrrad zum Baden.

Damit sind wir bei der Kohle. In Sachsen wurde schon im 19. Jahrhundert Braunkohle abgebaut. Ursprünglich im Tiefabbau wie die Steinkohle, später in ausgedehnten Tagebauen, die dem Süden des Leipziger Landes einen eigenen Namen verliehen: Tagebaulandschaften. (Der Leipziger Grafiker und Maler Peter Sylvester hat diese Landschaft in den siebziger und achtziger Jahren prägnant und sehr beeindruckend aufs Papier gebracht.) Der Volksmund war viel konkreter: Mondlandschaften hieß es damals.

Der Braunkohleabbau veränderte nicht nur die Landschaft, sondern letztendlich auch das Leipziger Mikroklima. Denn was der Kabarettist Jürgen Hart in den siebziger Jahren als ironische Vision für die Bühne schrieb, ist heute weitgehend Wirklichkeit geworden: Leipzig ist umgeben von einer Seenlandschaft. Die ausgekohlten Tagebaurestlöcher füllten und füllen sich mit Wasser. Es entsteht ein ausgedehntes Naherholungsgebiet. Und in nicht allzu ferner Zukunft werden wir mit dem Boot von Leipzig nach Zeitz fahren können. Bei Jürgen Hart las sich das in einem Schüleraufsatz von 1981 so: »Im Jahr 2001 tut Leipzig von Seen umgeben sein und im Grün liegen. In ein See kann man baden oder schwimmen, in dem anderen kann man Windserving machen. Und dann gibt es noch ein, wo man tauchen kann weil das Wasser klasklar trotzdem es aus der Pleiße ist, ist. Danein hat man ein altes Schloß wie unser neues Rathaus versenkt mit Kanon und Ritterrüstungen. Da tut man durch die Gänge durchschwimmen können und Ahle mit der Habuhne fangen …«

Durchaus prägend für das sächsische Land sind die Heidelandschaften: die Dresdner, Dübener und Dahlener Heide zum Beispiel. Eine Besonderheit der Dresdner Heide ist der »Heller«, eine ausgedehnte Sandfläche am Südrand der Heide. Einen Teil meiner Kindheit verbrachte ich dort im Kinderferienlager, bei Räuberspielen und beim Maikäfersammeln. (Als mir dabei einmal das mitgebrachte Marmeladenglas zerbrach, stopfte ich die Käfer in meine Wollsocken!) Besonders angetan hatte es uns Jungen nach dem Krieg ein Flak-Bunker, in dem noch jede Menge Zünder von Geschossen lagen, die man wunderbar auf die Straßenbahnschienen legen konnte …

Auch die sächsischen Flüsse (die hier fast alle von Süden nach Norden fließen!) und Stauseen formen große Teile unserer Landschaft. Das Elbtal, das Einzugsgebiet der Elster und der Mulde und die Talsperren im Vogtland und im Erzgebirge wirken wie Lebenselixiere. Manchmal können die Flüsse aber auch Leben vernichten und Landschaften zerstören, wie das Jahrhunderthochwasser 2002 eindrücklich bewies.

Die Gebirge – wenn es auch nur Mittelgebirge sind – prägen ihrerseits Land und Leute. Der höchste Berg Sachsens ist mit 1215 Metern der Fichtelberg im Erzgebirge (nicht im Fichtelgebirge!). Das durch den Silberabbau im 12. Jahrhundert berühmt gewordene Erzgebirge nährte über Jahrhunderte die dort ansässige Bevölkerung und füllte die Schatztruhen der Könige und Fürsten. Freiberg wäre ohne den Zinn- und Silberabbau vielleicht ein unbedeutendes Dorf geblieben.

Unser zweites berühmtes Gebirge ist das Elbsandsteingebirge, das wir uns wie auch das Erzgebirge mit den Tschechen teilen. Der deutsche Teil wird auch als die Sächsische Schweiz bezeichnet, ist quasi der erodierte Grund eines kreidezeitlichen Meeres und besticht durch abenteuerliche Sandsteinformationen. Als ich Kind war, hatte es mir vor allem die Barbarine angetan. Der zerklüftete Sandsteinturm, der mich an eine beleibte Grundschullehrerin erinnerte, die drei Taillen hatte, durfte später nicht mehr bestiegen werden, da der Sandstein zu sehr bröckelte.

Wenn man von Rathen nordwärts wandert, stößt man nach einiger Zeit auf Felsen, welche nicht mehr aus Sandstein bestehen, sondern aus Granit: Man hat das Lausitzer Bergland erreicht. Es gibt dort übrigens einen Weg, der links (wenn man von der Elbe kommt) von Sandstein und rechts von Granit begrenzt wird. Die geologischen Formationen in Sachsen sind mannigfaltig …

Aber auch die biologischen Gegebenheiten in Sachsen suchen ihresgleichen in Deutschland. Kein deutsches Land besitzt so divergierende Säugetiere und so bunte Vögel wie unser Sachsen. Das glauben Sie nicht? Sie können sich gern davon überzeugen. Kommen Sie in den Leipziger Zoo und durchwandern Sie das Gondwanaland!

6 *Essen in Sachsen – nicht nur Eierschecke und Stollen*

Der Sachse liebt nicht nur das Reisen sehr. Er liebt auch die Küche. Er liebt das Kochen. Und ganz besonders liebt er das Essen. Nicht zuletzt der Ausruf einer sächsischen Schönen bei einem Fest August des Starken spricht dafür: »Ich habe ihn zum Fressen gern!« Der starke August aß so gern und ausgiebig, dass sein Leibarzt konstatierte: »Majestät werden sich noch mal tot fressen!« Und so geschah es denn auch. Kaum hatte der König den Vorruhestand erreicht, so raffte ihn seine Fresssucht dahin. Aber das ist Geschichte. Heute isst der Sachse weder Unmengen von Fleisch noch trinkt er krügeweise Wein und Bier.

In Sachsen gibt es zahlreiche traditionelle Gerichte, die wohlschmeckend *und* gesund sind und deren Rezepte nicht jeder Sachse kennt. Das trifft vor allem auf das Leipziger Allerlei zu. Und wer weiß, wie die echte sächsische Kartoffelsuppe zubereitet wird? Vom Dresdner Christstollen (dem wird hier im Buch ein ganz eigenes Kapitel gewidmet) ganz zu schweigen. Und wie meine Mutter süß-saure Flecke gekocht hat, weiß vielleicht noch meine Schwester. Aber die kocht keine!

Wer ist denn geeignet, uns Ratschläge zu erteilen, um unverfälschte sächsische Gerichte zuzubereiten? Ohne Zweifel der leider schon 2002 gestorbene Leipziger Kabarettist Jürgen Hart, der aus dem sächsischen Vogtland stammte. Die Grundregel für seine sächsische Kartoffelsuppe: »Für die Kartoffelsuppe nimmt man natürlich besonders gern Kartoffelreste, gekochte oder gestampfte, also Kartoffelbrei meinetwegen auch. Kartoffelsuppe, die nicht aus Resten, sondern um ihrer selbst willen gekocht wird, ist ein Luxus und schmeckt nicht. Natürlich nimmt man nicht nur Reste, eine richtige

Knochenbrühe muss schon gekocht werden, mit Zwiebel und Lorbeerblatt.«

Darüber hinaus auch die Leipziger Mundartdichterin Lene Voigt, deren Kochbuch von 1923 wertvolle Rezepte enthält. Zum Beispiel eine gehaltvolle Wassersuppe, die – natürlich – von der Suppenwürze lebt: »Sellerie und Petersilienwurzel zu gleichen Teilen, halb so viel Möhren und Zwiebel, recht viele Schwämme werden feingeschnitten, mit gleichem Gewicht Rindsnierenfett durch die Fleischhackmaschine getrieben, ziemlich braun geröstet, in kleine, am besten Weckgläser gefüllt und in Dunst gekocht. Eine starke Messerspitze hiervon gibt den Suppen einen vorzüglichen Geschmack.«

Vielleicht finden wir nützliche Hinweise auch in einem historischen Kochbuch aus dem 16. Jahrhundert. Lassen wir uns überraschen.

Zwei Süßspeisen – oder wie es heute heißt: »Däsehr« – sind für Sachsen typisch: Quarkkeulchen und Armer Ritter. Außerdem erinnere ich mich noch an süß-saures Kürbiskompott. Die glasigen Würfel ließen sich mit der Zunge zerdrücken. Sie setzten ein Aroma frei, das die Geschmacksknospen erblühen ließ. Kürbissuppe dagegen war als »Pamps« nicht so beliebt. Vielleicht schmeckte sie auch zu sehr nach Muskatnuss. Kürbissuppe rangierte in der kindlichen Ablehnungsskala kurz hinter der Holundersuppe. Da ich mich aber noch daran erinnern kann, was Hunger ist, weiß ich auch, was meine Mutter damals sagte: »Es wird gegessen, was auf den Tisch kommt! Und ich fresse einen Besen, wenn es nicht schmeckt.« Das wollte ich natürlich keinesfalls. Also schmeckte es immer.

Heute gehört pürierte Kürbissuppe zu meinen Lieblingsgerichten. Überhaupt sind pürierte Suppen – ich kenne sie aus der angelsächsischen Küche – eine Wohltat gegen die angedickten Suppen und mit »Mehleinbrenne« gestreckten Soßen meiner Kindheit. Wahrscheinlich ging es dabei immer darum, den Sättigungsfaktor zu erhöhen. »Die Kinder sind im Wachstum. Die brauchen eine dicke Suppe«, meinte meine Großmutter immer. Da hab' ich letztendlich vielleicht doch nicht so viel Suppe gegessen …

An Feiertagen wurde in den Jahren nach dem Krieg doch mal etwas üppiger gekocht. Da war auch die Soße von besserer Qualität. Und nach dem Essen durften die Kinder – natürlich nur, wenn keine Gäste in Sichtweite waren – Omas feine Bratensoße vom Teller ablecken. Das hatte etwas Animalisches und gefiel uns Kindern sehr. Im Restaurant konnten wir den Eltern einen Schreck einjagen, wenn wir damit drohten, den Teller abzulecken.

Eine andere berühmte Spezialität sind die Sächsischen Quarkkeulchen. Ich habe mal versucht herauszufinden, wie sie »audändisch« hergestellt werden, und habe einige Kochbücher gewälzt:

1. Das handgeschriebene Kochbuch meiner Schwiegermutter (1967): 1 Pfund Quark + 4 Eigelb + 2 Vanillezucker + 2 L. Zucker + Prise Salz + 150 g Mehl gut verrühren. In Tiegel mit heißem Palmin etwas Teig geben, breitstreichen, goldgelb braten. Mit Zucker und Kompott reichen.
2. Hanna Enderlein, *Das Backbuch* (1967): 30 g Margarine, Salz, Saft und Schale ½ Zitrone oder 1 Päckchen Vanillinzucker, 80 g Zucker, 2 Eier, 200 g Quark, 200 g Mehl, ½ Päckchen Backpulver, 30 g Korinthen, Ausbackfett, Staubzucker. Goldbraun ausbacken und mit Staubzucker besieben.
3. Kurt Drummer und Käthe Muskewitz, *Von Apfelkartoffeln bis Zwiebelkuchen* (1983): 1500 g Kartoffeln, 500 g Quark, 4 Eier, 2 Eßl. Mehl, 2 Eßl. Rosinen oder Korinthen, Öl zum Braten, Salz, Muskat, Zitronenaroma, Zucker und Zimt. Goldgelb braten. Mit Zucker und Zimt bestreuen und warm zu Apfelmus, Preiselbeeren oder anderem Kompott essen.
4. Barbara Rütting, *Mein neues Kochbuch* (1984): 250 g Quark, 250 g Weizenmehl, 1 Ei, 100 g frisch geriebener Parmesan,

1 Becher saure Sahne, Kräutersalz, Kümmel, Fenchel oder Koriander, Olivenöl zum Backen. Goldgelb braunbraten. Dazu Curry-Rosinen-Soße und 2 Eßl. Apfelgelee.
5. Rainer Crummenerl, *Küchenrenner für Landschaftskenner* (1986): 1250 g Kartoffeln, 500 g Quark, 100 g Zucker, 1 Zitrone, Muskat, Zimt, Salz, 5 Eier, 4 Eßl. Mehl, 2 Eßl. Rosinen oder Korinthen, Öl zum Braten. Goldgelb braten. Warm mit Kompott reichen.
6. Christine Dölle, *Sächsisches Kochbuch* (1991): 1 Pfund Quark, Mehl, 3 Eier, 1 Tasse Sauerrahm, Butter, Salz. Schön braun braten.

Die Rezepte unterscheiden sich nicht wesentlich. Entweder die Quarkkeulchen werden goldgelb oder braun gebraten, Zucker oder süßes gekochtes Obst gehört dazu. Zweimal wurden Kartoffeln hinzugefügt. Ansonsten wirkt alles sehr ausgewogen und verträglich.

Wie brutal wirken dagegen die Käsekeulchen aus *Dem besten bürgerlichen Kochbuch vorzüglich für das Haus berechnet. Ein Handbuch für jede Hausfrau und Köchin, unentbehrlich für Anfängerinnen in der Kochkunst* von Emma Allestein, 1870 in Gera und Leipzig in der sechsten Auflage erschienen: Acht Hände voll geriebenen Käse, 4 Hände voll Mehl, 8 Eier, 8 Löffel guten Rahm, 4 Loth (falls Sie das Loth nicht kennen, ist ganz einfach zu merken: 1 Loth = 16 2/3 Gramm) Zucker, 6 Loth Butter, kleine Rosinen nach Belieben, etwas Salz und Muskate. Backen wie die Cotelettes in Butter. Mit heißer Butter begießen und mit Zucker bestreuen. Dazu Pflaumenbrühe oder ein beliebiges Compote.

Das Kochbuch enthält auch eine Abteilung »Ueber die beste und vortheilhafteste Verwendung übriggebliebener Speisen«. Sehr lobenswert. Eine Biotonne gab es damals nämlich noch nicht!

7 Trinken in Sachsen – Bier und Wein nicht allein

Bei dem Wort »trinken« fallen einem in Deutschland vor allem die Bayern in Verbindung mit Bier und die Schwaben als Weintrinker ein. Dann folgen die Norddeutschen mit ihrem Kümmel und Korn. Dass die Sachsen mit dem seit dem 16. Jahrhundert existierenden Reinheitsgebot der Bierbrauer für das Radeberger Pilsner, mit dem Freyburger Rotkäppchen-Sekt und dem Meißner beziehungsweise Unstrut-Wein weit über die Landesgrenzen bekannt und erfolgreich sind, mag erst der zweite Gedanke sein.

Dabei kann ich mich noch gut erinnern, dass wir als Schüler in Dresden und vor allem als Studenten in Leipzig mit Begeisterung die Trinklieder der 1848er Burschenschaften intonierten: »Wir lagen auf Bärenhäuten und tranken immer noch eins …« Nun waren die alten Germanen, von denen im Lied die Rede ist, nicht nur Sachsen. Auch Thüringer und Franken sowie Alemannen und Baiern gehörten dazu. Aber die sächsischen Stämme scheinen dem Tranke recht zugeneigt gewesen zu sein. Möglicherweise gar dem Trunke. Die Quellenlage dazu gilt als ungesichert.

Getrunken wurde in Sachsen eigentlich schon immer aus gesundheitlichen Gründen. Zahlreiche Heilquellen, die seit alters her existieren, sind ein Beweis dafür. Das Trinken von Bier hat hierzulande eine lange Tradition. Ammen beispielsweise mussten am Tag mehrere Liter Bier trinken, damit die Milchproduktion nicht stagnierte. Und das sind keine Ammenmärchen! Die Familiennamen Bierwisch und Bierwinkel waren früher in Sachsen sehr verbreitet. Professor Doktor Bierwisch ist ein großartiger Sprachwissenschaftler geworden, und John L. Bierwinkel lebt jetzt in Dallas und sammelt

Brecht-Songs und Schallplatten mit Lotte Lenya. Beide sind keine Biertrinker!

Aber was trinkt man in Sachsen eigentlich zu welcher Gelegenheit? Darauf gibt es sicher keine allgemeingültige Antwort. Also halte ich einfach mal fest, womit bei uns zu Hause in Dresden auf das neue Jahr angestoßen wurde: Kurz vor Mitternacht wurden Grog-Gläser, konisch zulaufende Pressgläser mit Fuß, aber ohne Stiel, zur Hälfte mit Weinbrand gefüllt. Dann folgte ein Löffel Zucker, und das Glas wurde mit kochendem Wasser aufgefüllt. Das muss aber auch in Leipzig so gewesen sein. Denn die Mundartdichterin Lene Voigt beschreibt Ähnliches in ihrem Gedicht »Silvesterpunsch«: »Um eens, wenn de meerschten sähn dobbelt de Wält, wärd nochmal von vorne ä Gräggchen beschtällt.«

In Leipzig wurde und wird wieder an heißen Sommertagen zur »Gose« gegriffen. Es handelt sich dabei um ein trübes, obergäriges Bier, das aus hohen Stengelgläsern getrunken wird. Es gehört zu den ältesten Bieren der Welt und wurde schon im 10. Jahrhundert gebraut. Das Bier ist ausgesprochen erfrischend, hat aber eine durchschlagende Wirkung, wie schon Max Ferling wusste:

O, Fremdling, der Du Deine Schritte
mal nach dem schönen Leipzig lenkst,
Betrinke Dich mit Bier und Wein,
meintswähchen ooch noch mit Ligör.
Doch meide stets die Leipzcher Gose,
Denn sonst da gibt es ein Malheur.

In der Landeshauptstadt Dresden gibt es – wenn man vom Ausschank der Waldschlößchen-Brauerei absieht – kein berühmtes Bierlokal. Gut – das Ball- und Brauhaus Watzke könnte man noch nennen. Immerhin haben sich meine Eltern dort kennengelernt.

Aber dafür gibt es das Secundo Genitur, ein grandioses Weinrestaurant auf der Brühlschen Terrasse. (Im Vorgängerbau waren die Bibliothek und die Kupferstichsammlung des zweitgeborenen Prinzen vom starken August – daher der Name Sekundogenitur.)

In Dresden Wein zu trinken, ist ganz normal, denn der sächsische Wein ist inzwischen in fast allen deutschen Landen in den besseren Weinhandlungen zu finden. Sowohl an der Unstrut als auch an der Elbe wachsen die Reben für den köstlichen Traubensaft. Noch heißen die Weine »Freyburger« und »Meißner«. Aber es ist nicht ausgeschlossen, dass eines Tages im englisch-amerikanischen Sprachraum von »Dresden Wine« gesprochen werden wird. Schließlich heißt Meißner Porzellan ja auch »Dresden China«!

8 *August der Starke, die Gräfin Cosel und der Hofnarr Fröhlich – kein Triumvirat*

Um August den Starken ranken sich Legenden ohne Zahl. Die abenteuerlichste ist die Zahl seiner Kinder. Es sind natürlich nicht 354 oder 367 – wie die Legende besagt –, sondern neun. Auch wenn in regelmäßigen Abständen aus Sachsen stammende Bundesbürger mit der Behauptung an die Öffentlichkeit treten, sie seien legitime Nachfahren Augusts des Starken. Bisher verschwanden die Thronanwärter aber sang- und klanglos in der Versenkung der Geschichte.

In meiner Kindheit gab es – ich glaube auf der Brühlschen Terrasse – eine Vertiefung auf einem eisernen Geländer: ein Daumenabdruck vom starken August. Außerdem soll er 1711 (mit 41 Jahren!) ein Hufeisen mit bloßen Händen zerbrochen haben. Er war nicht nur sehr kräftig, sondern mit 1,76 Metern auch sehr groß für die damalige Zeit. Allerdings wog er auch 110 Kilogramm, litt unter Diabetes und Bluthochdruck. Seine Cholesterinwerte waren also durchaus nicht zum Vorzeigen.

Dass Friedrich August I., 1670 in Dresden geboren und somit echter Sachse, mit 27 Jahren als Protestant zum Katholizismus übertrat, um die polnische Königskrone tragen und sich Großfürst von Litauen nennen zu dürfen, mag noch angehen. Aber wie er mit seiner Geliebten, der Gräfin von Cosel, umgegangen ist, das ist nicht die feine sächsische Art. Oder wie wir Sachsen sagen: »Das is dor geene Art un Weise!« Fast fünfzig Jahre lang war sie auf der Burg Stolpen eingekerkert. Gut, sie musste nicht die ganze Zeit hinter Gittern sitzen. Aber große Wanderungen konnte sie auf dem Burggelände auch nicht unternehmen. Dazu später mehr.

August der Starke führte Kursachsen zu enormer Blüte. Kultur, Wirtschaft und Infrastruktur erreichten ein neues Niveau. Seine Residenzstadt Dresden erhielt unter seiner Herrschaft den Beinamen »Elbflorenz«. (Ich kannte den Namen als Kind als Markenbezeichnung für eine Schokolade.) Er verwandelte das Residenzschloss in einen imposanten Renaissancebau, ließ den Dresdner Zwinger und im Großen Garten das Japanische Palais errichten sowie in Moritzburg ein Jagdschloss. In Pillnitz entstand im japanischen Stil ein Schloss für Wasserfeste. Und in Warschau wurde das Sächsische Palais gebaut.

Auch die Dresdner Kunstsammlungen wurden unter August dem Starken ausgebaut, und da er und sein Sohn besessene Sammler waren, häuften sich die Kostbarkeiten. Dazu zählten die Schätze des Grünen Gewölbes, seltene Porzellane, die Antikensammlung, das Kupferstichkabinett, das Münzkabinett, der Mathematisch-Physikalische Salon und vor allem die erlesene Gemäldegalerie. Die seltenen Kangxi-Vasen gelangten durch einen Tausch in seinen Besitz. Er erhielt sie vom preußischen Soldatenkönig Friedrich Wilhelm I. gegen 600 sächsische Dragoner einschließlich deren Pferden und der Ausrüstung.

Der Hof Augusts des Starken wurde zu einem Sammelpunkt bedeutender europäischer Künstler. Mehrere Mitglieder der Familie Bach spielten in der kurfürstlich-sächsischen und königlich-polnischen Kapelle. Daniel Pöppelmann – der Schöpfer des Leipziger Peterstores – schuf den Zwinger. Auch der Orgelbauer Silbermann, der Goldschmied Dinglinger und Böttger, der Erfinder des Porzellans, wirkten in Dresden. Öffentlich zugängliche Museen waren damals in Deutschland kaum üblich. Dresden hatte sie! Ein nicht geringer Teil dieser Verdienste Augusts des Starken geht aber zweifelsohne auf seinen Hang zur absolutistischen Selbstdarstellung zurück. Nicht umsonst wurden seine Regierungszeit und die seines Sohnes von der Geschichtsschreibung zum »Augusteischen Zeitalter« stilisiert.

So segensreich der Kurfürst und spätere König für die Künste war, so durchwachsen waren seine militärischen Unternehmungen, etwa der Große Türkenkrieg. Und die Teilnahme am Großen Nordischen Krieg sicherte ihm zwar endgültig die polnische Königskrone, brachte aber für seine Untertanen alle Unbilden und Beschwernisse, die ein Krieg mit sich bringt. Der Nordische Krieg war für August den Starken quasi eine Familienangelegenheit: Auf der Gegenseite stand ihm sein Cousin, der schwedische König Karl XII. gegenüber, seine Mutter Anna Sophie hingegen war die Prinzessin von Norwegen und Dänemark und sein Großvater König beider Länder.

Dänisch lernte der kleine starke August zwar nicht, dafür aber Italienisch, Französisch und Spanisch. Die Weltsprache Englisch war damals noch keine! Er erhielt eine musikalische Ausbildung und wurde unterwiesen in Militärwesen und Fortifikation sowie Mathematik und Zeichnen. Auch Geschichte und Theologie standen auf dem Lehrplan des adligen Schülers.

Ebenso Reiten, Fechten und Schießen. Kurz nach seinem 17. Geburtstag trat er die damals obligatorische Grand Tour an, geplant auf drei Jahre und incognito als Graf von Meißen. So konnte er auf relativ normales Verhalten seiner Gastgeber hoffen. Nach zwei Jahren traf er jedoch auf Befehl seines Vaters wieder in Dresden ein. Er hatte Frankreich, Spanien, Portugal, England, Holland, Dänemark, Schweden, Italien und Österreich sowie mehrere deutsche Städte besucht. Mit 24 Jahren wurde er durch den Tod seines Bruders dann unerwartet Kurfürst von Sachsen.

Folgendes schaffte August der Starke (ein Auszug): Durch die Schaffung des »Geheimen Kabinetts« drängte er den Einfluss des alten Adels zurück. Er erlaubte die Ansiedlung der im 15. Jahrhundert aus Sachsen vertriebenen Juden. Er orientierte die sächsische Wirtschaft auf Export. (Wie 250 Jahre später die Machthaber in der DDR!) 1698 wurde die erste Staatsbank im deutschen Raum gegründet. Wo? Natürlich in Leipzig! Siebzehn Jahre später wurde eine Landeslotterie eingeführt – sie existiert heute noch! Auch die Einführung des Gregorianischen Kalenders erwies sich als wirtschaftlich bedeutsam. Zahlreiche Manufakturen entstanden in jener Zeit.

Am 15. September 1697 wurde er nach massiver Bestechung des polnischen Adels in Krakau zum polnischen König August II. Mocny gekrönt. Auch in den folgenden Jahren flossen Unsummen an Bestechungsgeldern nach Polen.

August der Starke war bekannt für seine Bälle, Jahrmärkte, Tierhetzen, Maskeraden und Schützenfeste. Für einen Karneval nach venezianischem Vorbild ließ er sich eigens eine goldene Sonnenmaske anfertigen. Seine Veranstaltungen verschlangen mehr als 25 000 Taler pro Jahr. Sie dienten der königlichen Selbstdarstellung nach dem Vorbild des »Sonnenkönigs« Ludwig XIV. von Frankreich. Die Hochzeit seines Sohnes August kostete unglaubliche vier Millionen Taler.

Ähnlich seine amourösen Geschichten: König August hatte neben seiner Ehefrau Christiane Eberhardine, Prinzessin von Brandenburg-Bayreuth, mit der er 34 Jahre verheiratet war, zehn Mätressen. Das war damals jedoch nicht ungewöhnlich und für einen absolutistischen Herrscher angemessen. Sein legitimer Sohn Friedrich August II./August III. wurde als Nachfolger ebenfalls Kurfürst von Sachsen und König von Polen. Politisch korrekt: *in* Polen, denn er war kein Pole. Die acht Kinder, die August dem Starken seine Mätressen gebaren (vier Knaben und vier Mädchen), wurden immerhin Grafen oder wenigstens Ritter von Sachsen.

Am längsten – nämlich neun Jahre – war August der Starke mit Anna Constantia von Brockdorff liiert. Anna Constantia war die Tochter des Ritters Joachim von Brockdorff, ihr Großvater war ein wohlhabender Hamburger Bürger. Ihre Ausbildung war ungewöhnlich umfassend: Sie lernte mehrere Sprachen, erhielt Unterricht in Mathematik und wurde mit klassischer Bildung erzogen, ritt auch den Herrensattel und galt als ungestüm. Mit vierzehn Jahren wurde sie Hoffräulein, mit sechzehn schwanger und zu ihren Eltern zurückgeschickt. Der Verbleib ihres Kindes ist unbekannt. 1704 verliebte sich dann August der Starke in die geistreiche Anna Constantia. Zwei Jahre später erhob Kaiser Joseph I. sie auf Augusts Wunsch als Gräfin von Cosel in den Reichsgrafenstand. Nachdem sie ihm drei Kinder geboren hatte, verbannte August sie 1713 auf das Schloss Pillnitz. Grund dafür war die entschiedene antikatholische Haltung der Gräfin und ihre politische Einflussnahme. Es folgten ihre Flucht nach Berlin und die Verhaftung in Halle. (Dort gibt es in der Ulrichstraße 5 eine kleine Gedenktafel.) Am 24. Dezember (!) 1716 wurde sie mit 36 Jahren auf der Burg Stolpen unter Arrest gestellt. Dort sollte sie bis zu ihrem Tod 1765 bleiben. Warum sie noch 32 Jahre nach dem Tod Augusts des Starken auf der Burg Stolpen bleiben musste, ist bis heute ungeklärt.

Ungeklärt bleibt auch, warum der Königlich-Kurfürstliche Hoftaschenspieler Joseph Fröhlich zum Hofnarren Augusts des Starken wurde und warum er in der bildenden Kunst fast so oft wie dieser dargestellt wurde. Joseph Fröhlich war ein biederer Müllersbursche, der auf der Walz Taschenspielertricks gelernt hatte. Wahrscheinlich machte er seinem Namen alle Ehre, denn mit Zaubertricks, Spottgedichten und derben Scherzen unterhielt er die höfische Gesellschaft.

Anfangs arbeitete er bei Markgraf Georg Wilhelm in Bayreuth, 1725 kam er an den sächsischen Hof. Bis zum Tode Augusts des Starken war er bei ihm in Lohn und Brot, später bei dessen Sohn. 1754 erhielt Fröhlich eine königliche Hofmühle bei Warschau, ließ sich aber dennoch im darauf folgenden Jahr in Dresden an der Nordseite der Augustusbrücke ein Wohnhaus bauen. Es hieß im Volksmund »Narrenhäusel«. 1938 wurde es zur Gaststätte, 1945 bei Bombenangriffen schwer beschädigt und später abgerissen. An gleicher Stelle stand in den sechziger Jahren eine Zeltgaststätte gleichen Namens. Natürlich wusste ich damals nicht, warum das weiß-blau gestreifte riesige Zelt »Narrenhäusel« hieß.

Der Hofnarr Fröhlich wurde von Bernardo Bellotto gemalt und als mit Gold, Silber und Edelsteinen verzierte Elfenbeinfigur im Grünen Gewölbe ausgestellt. In der Porzellansammlung im Dresdner Zwinger steht eine Büste aus Meißner Porzellan von Gottlieb Kirchner. Und am ehemaligen Standort des »Narrenhäusels« wurde 1978 eine Bronzeplastik von Heinrich Apel enthüllt.

Da muss sich August der Starke geschlagen geben. Von ihm gibt es bloß den Goldenen Reiter auf dem Dresdner Neustädter Markt! Na gut – noch eine Büste in der Bayerischen Walhalla, wenn man von Darstellungen auf Münzen und Medaillons einmal absieht. Seine sterbliche Hülle ist hingegen viel präsenter: Das Herz Augusts des Starken liegt in einer silbervergoldeten Kapsel in der Stiftergruft der Katholischen Hofkirche zu Dresden, sein

Leichnam in der Königskrypta der Wawelkathedrale im Krakauer Schloss und die Eingeweide in einer separaten Urne in der Warschauer Kapuzinerkirche zur Verklärung des Herrn.

9 Der Wiener Kongress – mit Napoleon bestraft

Ja, ja, ich weiß, ich hab es schon erwähnt: 21. Mai 1815, ein schwarzer Tag für Sachsen. König Friedrich August I. ratifiziert die Beschlüsse des Wiener Kongresses: Das Land verliert mehr als die Hälfte seines Territoriums und gut vierzig Prozent der Bevölkerung. Das ist ja nun wirklich kein Pappenstiel. Und was haben wir daraus gemacht! Wir haben nicht nur nach vier weiteren Kriegen Sachsen zu einem Kleinod in deutschen Landen werden lassen. Wir haben sogar wieder einen König gehabt: Kurt I. Biedenkopf (1990 bis 2002). Wenn er auch nicht Sächsisch sprach. Und eine »Landesmutter« (laut Bundespräsident Herzog): Ingrid Biedenkopf. Das gab es unter August dem Starken nicht!

Aber welch ein Absturz für das Sachsenland innerhalb von 100 Jahren! 1713 schickt August der Starke die Gräfin Cosel in die Verbannung. Und 1813 dann diese Schande: Der sächsische König Friedrich August I. wird am Leipziger Markt verhaftet und sitzt danach in Friedrichsfelde und in Pressburg (Bratislava). Aber das ist die Strafe, wenn man die Zeichen der Zeit missachtet! Des Königs Truppen hatten sich noch während der Schlacht auf die Seite der Preußen, Österreicher und Russen geschlagen (Wir erinnern uns: »saxonner«). Ihr König hingegen blieb bis zum schlimmen Ende seinem Napoleon treu.

Preußen profitierte wohl am meisten von der territorialen Neuordnung, die der Wiener Kongress beschloss. Nicht nur die preußische Provinz Sachsen wurde ihm zugeschlagen, es erhielt auch die Rheinprovinz und die Provinz Westfalen. Ganz zu schweigen von Posen, Danzig und Schwedisch-Pommern mit Rügen (von Dänemark!). Aber auch Österreich machte ein paar Schnäppchen und schluckte die Republik Venedig, die Toskana und Parma. Allerdings verloren die Österreicher ihre niederländischen Besitzungen. Immerhin blieb ihnen noch Niederösterreich.

In Wien besiegelten 700 Delegierte aller europäischen Mächte und vieler Städte und Gebiete die Epoche der Napoleonischen Kriege. Vom 1. November 1814 bis zum 9. Juni 1815 dauerte die ganze Veranstaltung. Gastgeber war Kaiser Franz I. von Österreich. Sein Außenminister, Fürst von Metternich, leitete den Kongress. Dieser hatte in der Vergangenheit seine zahlreichen Affären (angeblich auch mit Napoleons Schwester Caroline, die doch mit Joachim Murat verheiratet war!) skrupellos dazu genutzt, politische Informationen zu sammeln. Später baute er in Sachsen ein äußerst effektives Spitzelsystem auf. (Die Stasi war also durchaus auch ein Traditionsverein.)

Der Wiener Kongress stärkte die Großmächte Preußen, Österreich und Russland auf Kosten Frankreichs und Polens. Aber er ächtete auf Druck Großbritanniens auch die Sklaverei. Und immerhin: Es gab vierzig Jahre lang keine kriegerische Auseinandersetzung zwischen den Großmächten! Wenn ich heute die Grenze zwischen Sachsen und Sachsen-Anhalt passiere, beschleicht mich ein eigenartiges Gefühl. Irgendetwas ist auf der anderen Seite der Grenze anders. Ich empfange Signale, die ich nicht entschlüsseln kann. Erst nach vielen Kilometern gelingt mir die Dekodierung: In der ehemaligen preußischen Provinz Sachsen fehlen die Vorgärten. Sie wurden eingespart. Oder wurden sie heimlich nach Preußen verbracht? Wahrscheinlich hat sie uns auch der Wiener Kongress genommen!

Der Kongress hat uns aber nicht nur vieles genommen, er hat den teilnehmenden Vertretern der einzelnen Länder, Gebiete und Städte auch unendlich viel gegeben. (Übrigens: Zu den preußischen Delegierten gehörten Alexander und Wilhelm von Humboldt – Sachsen war gar nicht erst vertreten.) Länger als ein halbes Jahr trafen sich die Abgesandten nicht nur zu zeitraubenden Verhandlungen. Sie nutzten die langen Abende des Winters 1814/15 auch zu Bällen und Reitturnieren, zu Spaß und Spiel im großen Stil. Und so endete die Neuaufteilung Europas in Wien mit einem Jubelfest für die verbündeten Preußen, Österreicher, Russen und Engländer.

Als der sächsische König nach seiner Entlassung aus der Haft wieder in Dresden eintraf, wurde er von der sächsischen Bevölkerung genauso jubelnd begrüßt! Wir sehen, der Sachse besitzt eine Charaktereigenschaft, die bisher nur dem Rheinländer nachgesagt wurde: eine starke Neigung zu Jubel, Trubel, Heiterkeit.

10 *Der 9. November in Sachsen – (k)ein Ruhmesblatt*

Der 9. November gilt spätestens seit 1989 als Schicksalstag der Deutschen. Dabei ist dieser Tag tatsächlich geschichtsträchtig wie kein zweiter. Schon seit dem Mittelalter. 1313 beispielsweise besiegte Ludwig der Bayer Friedrich den Schönen an diesem Novembertag in Gammelsdorf. Seitdem wird Bayern regelmäßig von Skandalen erschüttert. Zum Beispiel von solchen um Gammelfleisch! Nicht vom Schlachtfeld. Aber vom Schlachthof.

Und immer wieder wurden an diesem Tag Revolutionen beendet: 1799 durch den Staatsstreich Napoleons und 1848 durch die Erschießung von Robert Blum. Eigentlich hätte die Partei der Arbeiterklasse in der DDR diesen Tag zum »Tag der Konterrevolution« ausrufen müssen. Andererseits hätte das Datum auch zum »Tag der Republik« getaugt. Das war wirklich im Gespräch! Man hat sich aber für den 3. Oktober entschieden. Obwohl 1918 sogar zwei Republiken am 9. November ausgerufen wurden: von Philipp Scheidemann die Deutsche Republik und zwei Stunden später von Karl Liebknecht die Deutsche Räterepublik. Da war guter Rat teuer.

Wie eben auch am 9. November 1989, sowohl bei der Pressekonferenz des SED-Politbüromitglieds Schabowski als auch am Grenzübergang Bornholmer Straße. Man hatte den Eindruck, dass der Zettel in Schabowskis Hand durch eine Art »stille Post« zu ihm gelangt war. So ungläubig betrachtete er ihn.

Nicht nur guter Rat, sondern das Vorstellungsvermögen fehlt uns für andere Ereignisse der deutschen Geschichte am 9.11.:den Hitler-Putsch 1923 und die Pogromnacht von 1938. Fast teuflisch erscheint uns dann der Zahlendreher vom 9.11. zum verhängnisvollen 11.9. von 2001 in New York. Im Amerikanischen heißt es übrigens »9/11«. Die Verabschiedung des Anti-Terror-Pakets im Bundestag war am 9.11. die logische Folge.

Wie eine Erlösung wirkte dagegen am 9. November 1967 die Enthüllung des Plakats in Hamburg: »Unter den Talaren: Muff von 1000 Jahren«. Die Achtundsechzigerbewegung war gestartet. Die Außerparlamentarische Opposition begann sich zu formieren. Nicht nur in Sachsen war die Opposition spätestens seit 1952 außerparlamentarisch. Denn im Parlament (ob in der Berliner Volkskammer oder im Rat der Bezirke Leipzig, Chemnitz oder Dresden) wurde keinerlei Opposition geduldet.

Ob das vom Bundestag am 9. November 2007 verabschiedete Gesetz zur Vorratsdatenspeicherung auch mal gegen die Opposition wirksam werden wird, wissen wir noch nicht! Dagegen wissen wir mit Sicherheit, dass der sächsische Schriftsteller und Weltreisende Erich Wustmann exakt hundert Jahre zuvor geboren wurde. Er hat in den sechziger Jahren des 20. Jahrhunderts bei den Amazonasindianern Gesänge aufgenommen, die heute nicht mehr möglich wären, weil die Indianer von den Goldsuchern mittlerweile vertrieben wurden. Goldsucher können ihr Glück seit dem 9. November 2010 aber auch ganz zivilisiert an der Warschauer Börse versuchen.

Nun werden Sie sich fragen, was all diese 9.-November-Ereignisse mit Sachsen zu tun haben. Die Antwort ist ganz einfach: Woher kamen die meisten zur Maueröffnung angereisten Menschen? Aus Sachsen! Und auch alle anderen Ereignisse hatten direkt oder indirekt etwas mit Sachsen zu tun. Denken Sie nur an Robert Blum!

Außerdem fand am 9. November 1989 die erste in Leipzig genehmigte nichtstaatliche Demonstration statt. Das Neue Forum – noch als illegale Organisation – hatte zu einem Schweigemarsch anlässlich des 51. Jahrestages der faschistischen Pogromnacht und gegen rechtsradikale Tendenzen in der DDR aufgerufen. Der Zug bewegte sich von der Nikolaikirche zum Synagogendenkmal in der Gottschedstraße. Zehntausende Kerzen mahnten: Nie wieder!

Wichtiger noch für Leipzig – wenn auch knapp daneben beziehungsweise einen Monat zu früh – ist jedoch der 9. Oktober. Dies war der entscheidende Montag des Herbstes 1989; in der Stadt wird dieser Tag heute noch als »Nationalfeiertag« empfunden. Erich Honecker hatte den stellvertretenden Ministerpräsidenten der Volksrepublik China empfangen. Vier Monate zuvor hatte das chinesische Militär in Peking auf dem Platz des Himmlischen Friedens bei einem Massaker viele Menschen getötet. In Leipzig grassierte an diesem 9. Oktober die Angst vor einer »chinesischen Lösung«. Schüler und Studenten wurden aufgefordert, der Montagsdemo fernzubleiben: »Heute wird geschossen!« Krankenhäuser hatten Zusatzbetten und Blutkonserven bekommen. Die Bereitschaftspolizei war mit scharfer Munition ausgerüstet.

Nach den Friedensgebeten in den überfüllten Stadtkirchen verlas der Gewandhauskapellmeister Kurt Masur im Stadtfunk einen Aufruf zum Dialog mit der Regierung und zur Besonnenheit. 70 000 Demonstranten versammelten sich auf dem Augustusplatz. Die »bewaffneten Kräfte« sollten den Demonstrationszug einkesseln. Sie hatten aber mit weit weniger Menschen gerechnet. Und so verlief die Demonstration friedlich wie alle bisherigen. Heute behaupten sowohl Egon Krenz als auch der damalige Chef der Leipziger Polizeikräfte, sie hätten den Befehl erteilt, nicht zu schießen.

Am 17. November 1989 habe ich übrigens das erste Mal die Grenze überschritten: am Übergang Heinrich-Heine-Straße in Berlin im Stadtbezirk Mitte. Der DDR-Zollbeamte winkte mich aus der Schlange in eine Baracke. Dort musste ich meine Aktentasche auspacken. In barschem Ton verlangte er zu wissen, wieso ich für einen Tagesbesuch in Westberlin einen Schlafanzug bräuchte. Treuherzig antwortete ich in reinstem Sächsisch: »Nu, mor weeß dor nie wie's kommt!« Das war nur möglich wegen, logisch, des 9. Novembers.

II *Der sächsische Revolutionär – »ä Griecher«?*

Ich habe lange recherchiert, ob es den revolutionären Sachsen oder den sächsischen Revolutionär überhaupt gibt. Die Antwort: Ja und nein, aber mehr ja als nein. Oder kurz gesagt: Die Frage ist falsch gestellt.

Sachsen hat keine guten geografischen Voraussetzungen für eine Revolution. Keine hohle Gasse, durch die der zu ermordende Tyrann kommen könnte. Keine Hauptstadt an der Seine, wo man eine Bastille stürmen könnte. Und keine Newa, wo ein Panzerkreuzer liegen und mit seinen Geschützen den ersten revolutionären Schuss abgeben könnte.

Die Eigenschaften eines Revolutionärs hätte der Sachse sehr wohl. Aber woher soll er wissen, dass er diese revolutionären Eigenschaften besitzt? (»Mir saacht ja keener was!«) Und falls er es jemals erfährt, wann soll er sie einsetzen, wenn es ihm niemand sagt?

Sollte aber mal in seinem Land eine revolutionäre Situation entstehen, also die sich entwickelnden Produktivkräfte mit den existierenden Produktionsverhältnissen kollidieren, so erinnert sich der Sachse an die in ihm schlummernden Eigenschaften. Er wird über Nacht zum Revolutionär. Er organisiert Protestmärsche, veranstaltet Straßenmusik – auch wenn sie von der Polizei verboten wird – und beginnt massenweise, montags um das Stadtzentrum herumzugehen.

Die herrschende Klasse wird nervös. Hunderttausende versammeln sich. Sie tragen Transparente – »Freie Wahlen« war das erste –, sind fröhlich und rufen (meist) gereimte Sprüche:

»Erich lass die Faxen sein, hol die Perestroika rein!«

»Erich, Egon, Eberhard – wo habt ihr unser Geld verscharrt?«

»Visafrei bis Shanghai!«

»Egon, reiß die Mauer ein, unser Staat braucht jeden Stein!«

»Lügen haben kurze Beine, Egon zeig, wie lang sind deine?«

»Privilegien für alle!«

»Stasi in die Produktion, nur für Arbeit gibt es Lohn!«

»SED – das tut weh!«

»Lasst euch für 100 DM nicht verKohlen!«

Bei einer Montagsdemo geht neben mir ein junger Mann mit einem etwa fünf Jahre alten Jungen. Der Vater skandiert: »Stasi in die Volkswirtschaft!« Der Kleine kräht: »Wir verdienen euer Geld!« Keine Fensterscheibe geht zu Bruch. Kein Auto wird angezündet. Kein Polizist belästigt. So haben sich die Herrschenden eine Revolution nicht vorgestellt. Da muss doch mal ein Attentat stattfinden oder ein Polizeirevier angegriffen werden! Oder wenigstens ein Generalstreik ausgerufen werden! Muss man denn alles selber machen, denken sie.

Und dann naht der Kulminationspunkt der Revolution. Am Abend herrscht gespannte Stille. Die Herrschenden bereiten sich auf die große Schlacht vor. Man ist militärisch gerüstet. Schließlich geschieht es: Das Revolutionskomitee verliest einen Aufruf über den Stadtfunk. Es mahnt zu Ruhe und Besonnenheit. Alle sollen nach Hause gehen? Die Einsatzkräfte und die Revolutionäre? Und damit hat die Revolution gesiegt.

So einfach ist das in Sachsen.

Erich Honecker trat am 18. Oktober 1989 zurück. Wir hatten in Leipzig damals schon eine »Straße des 18. Oktober«. (1813 hatte Napoleon an diesem Tag die entscheidende Niederlage in der Völkerschlacht ganz in der Nähe erlitten.)

Dabei hat der sächsische Revolutionär wirklich ein Problem: Er ist kein Krieger. Er ist »ä Griecher«. Und er ist nicht kriegerisch, sondern »griecherisch«! Wer in solch sprachliche Bande geschlagen ist, sucht den Kampf nur zögerlich. Natürlich gab es auch Kämpfer und Revolutionäre in Sachsen, bei denen der Aufstand nicht so glimpflich verlief: Robert Blum und Genossen. Das war aber eben auch 140 Jahre früher. Da wurde kurzer Prozess gemacht mit Revolutionären. Der bekannteste 1848er war der erwähnte, aus Köln stammende Verleger und liberal-demokratische Publizist Robert Blum, der in Leipzig lebte. Er war – obwohl Abgeordneter der Frankfurter Nationalversammlung und trotz seiner Immunität – in Wien hingerichtet worden. Sein Tod wurde von meiner Großmutter bei jeder passenden und unpassenden Gelegenheit im Mund geführt: »Da biste erschossen wie Robert Blum!« Was so viel hieß wie: Man ist erschöpft, »ähmd dohdaal färdsch«.

Aber auch Richard Wagner und der gebürtige Hamburger Gottfried Semper wurden damals als Revolutionäre steckbrieflich gesucht. Ganz zu schweigen von dem russischen Berufsrevolutionär Michail Bakunin. Wobei Bakunin nur eingeschränkt unter die Sachsen subsumiert werden kann.

Vielleicht sind die heutigen sächsischen Revolutionäre weiter nichts als die historische Verlängerung – über mehr als 450 Jahre – des großen sächsischen Reformators Martin Luther (siehe dazu das nächste Kapitel). Was diesem die Tür der Schlosskirche in Wittenberg, war jenen sechs das Mikrofon des Leipziger Stadtfunks. Die Wirkung der Aufrufe war ähnlich: Eine Ideologie ging ihrer Allmacht verlustig.

12 *Martin Luther und Richard Wagner – sächsische Revolutionäre?*

Es ist ein ungleiches Paar: der theologische Urheber und Lehrer der Reformation und der bedeutendste Erneuerer der europäischen Musik im 19. Jahrhundert; der Schöpfer der deutschen Bibel und der Schöpfer des Musikdramas als Gesamtkunstwerk, dessen Helden stets scheitern. Und doch – oder gerade deswegen – verbindet sie ihr revolutionärer Geist. Sie entzogen sich nicht den Zeichen der Zeit; sie setzten sie.

Dreihundert Jahre liegen zwischen dem theologischen und dem musikalischen Reformator. Martin Luther hatte immer wieder fast metaphysische Erlebnisse, die jeweils eine entscheidende Wende in seinem Leben und seinem Verständnis von Gott und der Welt bedeuteten. Die sozialen Umbrüche führten bei Richard Wagner zu einem neuen Verständnis von der Dramatik des Lebens und der Musik als Ausdruck widerstreitender Gefühle und geschichtlicher Ereignisse. Beide sind – wie könnte es anders sein – Sachsen. Beiden lag das Komponieren im Blut. Wagner galt als »Hexenmeister von Bayreuth«, der die Texte seiner Opern selbst schrieb. Luther schrieb und komponierte »Ein feste Burg ist unser Gott«.

Aber sächsische Revolutionäre? Nun, Richard Wagner stand während der Revolution von 1848 in Dresden auf den Barrikaden und schrieb den Aufsatz »Die Kunst und die Revolution«. Danach wurde er mit Steckbrief gesucht. Martin Luther musste vor dem Bannstrahl des Papstes und der Reichsacht des Kaisers fliehen. Beide waren also auf der Flucht, wenn auch der eine mit Tonsur und der andere mit wallendem Haupthaar. Nur ihre Kopfbedeckungen ähnelten sich. Und der Anfangsbuchstabe der Namen ihrer Frauen: Katharina und Cosima.

Wo wir gerade bei ihren Frauen sind: Sowohl Luther als auch Wagner hielten sich nicht an die Konvention. Dieser hatte drei Kinder mit einer verheirateten Frau (Cosima) und jener verließ seinen Mönchsorden und heiratete eine entflohene Nonne (Katharina).

Luthers ursprünglich freundliche Haltung gegenüber Juden zielte immer auf deren Bekehrung zum Christentum. Da die Praxis seinen Absichten durchaus nicht entsprach und die Rabbiner keineswegs gewillt waren, Jesus Christus als den erwarteten Messias anzuerkennen, wurde er zum Judenfeind. Doch er war kein Rassist. Ihm ging es nicht um Biologie, sondern um Religion. Richard Wagner berief sich merkwürdigerweise auf Luthers negative Haltung gegenüber den Juden, obwohl jüdische Landsleute zu seinem Freundeskreis zählten. Auch übertrug er Hermann Levi die Uraufführung seines *Parsifal*. Vielleicht war Wagners Judenfeindlichkeit auch aus dem Bewusstsein gespeist, zur »vornehmen Gesellschaft« gehören zu wollen, in der Antisemitismus zum guten Ton gehörte.

Als Richard Wagner – der damals nach seinem Stiefvater Richard Geyer hieß – achtjährig nach Eisleben kam, wusste er nicht, dass Luther hier geboren und gestorben war. Deshalb verließ er die damals noch sächsische Stadt nach einem Jahr wieder und wurde Kreuzschüler in Dresden. (Er konnte nicht ahnen, dass die Stadt hundert Jahre später die zweitgrößte Wagner-Sammlung der Welt besitzen würde!) Mit vierzehn Jahren besuchte er in Leipzig die Nikolai- und die Thomasschule, mit sechzehn hörte er in seiner Geburtsstadt den *Fidelio*. Fortan wollte er Musiker werden. Erst einmal wurde er aber – mit dreißig Jahren – Königlich-Sächsischer Kapellmeister an der Hofoper Dresden, wo er auch 1843 seinen *Fliegenden Holländer* zur Uraufführung brachte. Und zwei Jahre später den *Tannhäuser*.

Im gleichen Alter – mit 29 (!) Jahren – war Luther schon Professor für Theologie an der Universität Wittenberg. Einer seiner Anhänger war Thomas Müntzer, der spätere Bauernkriegsideologe und Bauernführer, der hingerichtet wurde. Dem Schicksal entging Luther zum Glück. Nach dem Wormser Edikt 1521, das ihn quasi für vogelfrei erklärte, musste er zwar um sein Leben bangen. Aber Friedrich der Weise, der sächsische Kurfürst, brachte Luther auf der Wartburg in Sicherheit. Dort übersetzte dieser die Bibel aus hebräischen und griechischen Originalen ins Obersächsische!

Auch Wagner, wir erinnern uns, war ja auf der Flucht. 1862 jedoch durfte er nach einer Amnestie wieder nach Leipzig. Sechs Jahre später traf er dort Friedrich Nietzsche, der ihn häufig besuchte. Dieser war auch dabei, als Wagners drittes der im Zweijahresrhythmus mit Cosima von Bülow gezeugten Kinder zur Welt kam. Im Jahr danach wurde die 32 Jahre alte Cosima geschieden und heiratete fünf Wochen später den 57-jährigen Richard Wagner.

Obwohl nur 1,66 Meter groß, besaß Richard Wagner eine enorme Ausstrahlung. Er trug das Herz auf der Zunge und bezauberte durch seinen monoton singenden sächsischen Dialekt. Er war schon früh überzeugt, ein Genie zu sein. Ganz anders Luther: Er haderte jahrelang mit sich, weil er sich trotz angestrengter Askese stets als Sünder empfand. Erst durch sein »Turmerlebnis« begriff er, dass der Mensch Gerechtigkeit nicht durch seine Leistung, sondern durch die Gnade Gottes erfährt. Dies war der grundsätzliche Durchbruch zur Reformation. Der praktische war im Jahre 1529 die formelle Protestation der Evangelischen in Speyer gegen die aufgehobene Duldung durch die Römische Kirche. Sie wirkte in den nächsten Jahrhunderten wie ein Leitmotiv für die nun entstehende Lutherische Kirche.

Richard Wagner rief durch die Leitmotivtechnik mit seiner Musik nie gekannte Emotionen hervor: Der Dirigent Joseph Keilberth starb während des zweiten Aktes von *Tristan und Isolde* am Dirigentenpult!

Wagner war der erste Komponist, der seine Werke auf Festspielen präsentierte. Und er präsentierte sich den gekrönten Häuptern: von Queen Victoria bis zu Kaiser Wilhelm I. und nicht zuletzt seinem Gönner Ludwig II. von Bayern. Selbst Reichskanzler Otto von Bismarck empfing ihn. Heute noch kann man unter dem Schloss Linderhof in Bayern die Venusgrotte besuchen, in der die Sängerinnen der *Walküre* bis zum Nabel im Wasser stehend für den schönen Ludwig sangen.

Luther dagegen wurde von John Osborne, einem der ersten »Angry Young Men«, zum Protagonisten des gleichnamigen Dramas gemacht, in dem die Reformation durch Martins Verdauungsbeschwerden in Gang kommt. Das Stück wurde 1973 in den USA verfilmt.

Symptomatisch auch der Tod Richard Wagners in Venedig: Zusammengesunken beim Schreiben eines Aufsatzes »Über das Weibliche im Menschlichen« – unter sich begrabend den Satz: »Gleichwohl geht der Prozeß der Emanzipation des Weibes nur unter ekstatischen Zuckungen vor sich. Liebe – Tragik.« Am 18. Februar 1883 wurde sein einbalsamierter Leichnam in der Gruft im Garten der Villa Wahnfried in Bayreuth beigesetzt.

Thomas Mann war zwar von Richard Wagners Musik fasziniert, betrachtete den Meister aber durchaus kritisch: »Das Pumpgenie, der luxusbedürftige Revolutionär.« Zum fünfzigsten Todestag Wagners hielt Thomas Mann 1933 in München eine Rede, in der er Wagner derart kritisch betrachtete, dass die daraus resultierenden Proteste ihn davon abhielten, nach einer anschließenden Auslandsreise wieder nach Deutschland zurückzukehren. Seine Abneigung gegen Luthers Deutschtum, das Anti-Europäische, »das Cholerisch-Grobianische« und seinen nur auf den Glauben beschränkten Freiheitsbegriff hat Thomas Mann nie verborgen.

Friedrich Nietzsche warf dem »verunglückten Priester« Luther vor, die Renaissance anzugreifen. Aufstöhnend stellte er fest: »Ah diese Deutschen, was sie uns schon gekostet haben!« Und Richard Wagner, den Nietzsche ursprünglich als Erneuerer der deutschen Kultur gefeiert hatte, wird mit zunehmendem Alter sein Kontrapunkt. *Parsifal* nennt er ein Werk der Tücke. Auf Wagner könne man allein aus psychologischen Gründen nicht verzichten, meint Nietzsche leicht ironisierend.

Was also haben die beiden Revolutionäre uns Sachsen hinterlassen? Vom 1936 in Leipzig begonnenen Richard-Wagner-Hain sind heute kaum noch Spuren zu finden. Der Sockel des damals geplanten Wagnerdenkmals von Max Klinger steht auf den Stufen zu einem innerstädtischen Parkplatz. Dafür ist ein Fassadenrest des abgerissenen Kaufhauses erhalten, das Ende des 19. Jahrhunderts an der Stelle des bescheidenen Geburtshauses des »Erfinders der modernen Musik« errichtet worden war.

Der Stuttgarter Bildhauer Emil Hipp hat von 1934 bis 1944 vier zehn Meter lange und viereinhalb Meter hohe Reliefs im Auftrag der Stadt Leipzig geschaffen. Nach 1945 lehnte die Stadt die Übernahme der Denkmalsteile allerdings ab und sie wurden versteigert.

Inzwischen hat der Kunstprofessor Stephan Balkenhol aus Karlsruhe ein Denkmal des jungen Wagner geschaffen. Er – Wagner, nicht Balkenhol – steht in Lebensgröße auf dem Klingersockel. Dahinter ein vier Meter hoher Wagnerschatten, der den Klingerentwurf aufgreift. Und das ganze in den Grünanlagen vor der ehemaligen Stasizentrale. Mein Kollege Bernd-Lutz Lange meinte: »Aha, IM Lohengrin und sein Führungsoffizier.«

13 *Friedrich Nietzsche und Karl May – der Mensch als »Herr«?*

Eine sächsische Geburt adelt. Das durften Friedrich Nietzsche und Karl May auf unterschiedlichste Art und Weise erfahren.

Karl May gehörte danach eher zum verarmten Adel. Kleindiebstähle und Betrügereien brachten ihn mehrmals ins Gefängnis. (»Wer nichts riskiert, kommt nicht nach Waldheim.«) Seine Laufbahn als Lehrer endete schon nach wenigen Wochen, weil er eine Taschenuhr gestohlen hatte. Deshalb setzte er später alles auf eine Karte. Auf eine Landkarte. Vom Orient. Als Kara Ben Nemsi (»*Nehm' Sie* die Uhr ruhig mit, wenn Sie Ihnen gefällt.«) und Old Shatterhand – das war dann schon die Karte von Amerika – abenteuerte er durch die Welt. Er beschrieb Reiseerlebnisse, bevor er die entsprechenden Länder gesehen hatte. Das soll ihm erst mal einer nachmachen! Erst mit 66 unternahm er eine Amerikareise. Sie fand ihren Niederschlag in *Winnetou IV*.

(Winnetou hieß im ersten Band »der Rote Gentleman« – übrigens keine Anspielung auf das Sozialistengesetz!)

Ein Büchsenmacher aus Radebeul bei Dresden baute für Karl May die Silberbüchse und den Bärentöter aus dessen Wildwestgeschichten. Ich habe die beiden Gewehre selbst als Kind im Karl-May-Museum gesehen, das damals Indianermuseum heißen musste. Karl-May-Romane wurden bei uns in der Schule allerdings als »Schund- und Schmutzliteratur« eingezogen. Bis die DDR ab 1983 selbst welche drucken ließ. Und dabei hatte ich einen beeindruckenden Namen, den ich noch heute im Kopf habe, Karl May zu verdanken: Kara Ben Nemsis Diener hieß Hadschi Halef Omar Ben Hadschi Abul Abbas Ibn Hadschi Dawuhd al Gossarah. Das Flunkern im großen Stil war der Partei der Arbeiterklasse vorbehalten. Ein kleiner Webersohn aus dem Vorerzgebirge wurde als Konkurrent nicht geduldet.

Ebenso wenig wie der Sohn eines pietistischen Pfarrers aus dem anhaltinischen Röcken, das früher in der preußischen Provinz Sachsen lag. Friedrich Nietzsche gehört ohne Zweifel zum Geistesadel. Er war kein Kleinkrimineller, der Krimis schrieb. Er war keineswegs der zeitweise meistgelesene Autor in Deutschland. Wohl aber der meistzitierte: »Wenn du zum Weibe gehst, vergiss die Peitsche nicht!« (*Also sprach Zarathustra. Ein Buch für Alle und Keinen*)

Die Peitsche war natürlich keine Option für Adolf Hennecke, wenn er zu Frida Hockauf ging. Die beiden sind durch ihre produktionsstimulierenden Sonderschichten zu den meistzitierten Vorbildwerktätigen der DDR geworden. Davon konnte bei Nietzsche im ersten deutschen Arbeiter- und Bauernstaat nicht die Rede sein. Sein nihilistisches Sachsentum, seine Freundschaft zum Germanenkult-Wagner und seine geistige Distanz zu Karl Marx (»Der Sozialismus – die zu Ende gedachte Tyrannei der Geringsten und Dümmsten«) bescherten ihm hier einen Platz in der Abstellkammer der marxistischen Geschichtsbetrachtung.

Auch wurden seine Werke kaum Gegenstand von Comics (wenn man von der Übermenschin Lara Croft absieht) wie die Figuren von Karl May. Dafür findet man einen Asteroiden, der Nietzsches Namen trägt, am Himmel. Aber schon ein Jahr später zieht Karl May nach. 1990 wurde ein Hauptgürtelasteroid für ihn entdeckt: Karlmay.

Dafür war Friedrich Nietzsche selbst ein aufgehender Stern und schon mit 24 Jahren Professor für klassische Philologie in Basel, nachdem er in Leipzig ohne Prüfung den Doktorhut erworben hatte. Im gleichen Alter hatte Karl May gerade seine erste Haftstrafe in Mittweida abgesessen. Doktor h.c. wurde er dennoch: mit 66 Jahren in Chicago!

Der kleine Friedrich, dessen Vater starb, als der Junge fünf Jahre alt war, hatte es hingegen auch nicht leicht. Sein Verhältnis zu Frauen wurde sicher durch die Erfahrung im »Naumburger Frauenhaushalt« geprägt. Dort lebte er zusammen mit Mutter und Schwester, der Großmutter und zwei unverheirateten Tanten sowie dem Dienstmädchen. Bald entfloh er jedoch nach Leipzig, wo er Philologie studierte. Er begriff sich selbst aber stets als Philosoph, auch wenn er auf diesem Gebiet keine Professur erlangen konnte. Als Philosoph war er ein »Quereinsteiger«.

Richard Wagner und Cosima hatte er schon in Leipzig kennengelernt (siehe vorheriges Kapitel). Später besuchte er die beiden häufig in ihrem Haus bei Luzern. Die Nähe schlug aber bald in Ablehnung und schließlich in entschiedene Gegnerschaft um. Nietzsche schrieb 1889 die Abhandlung *Nietzsche contra Wagner*. Die Ursache des jähen Stimmungswechsels wird oft in Wagners Antisemitismus gesucht, ist wohl aber eher einer Indiskretion Wagners über Nietzsches Krankheit – einer aus der Studentenzeit stammenden Syphilis – geschuldet.

Mit 35 musste er sich wegen seiner quälenden Kopf- und Augenschmerzen pensionieren lassen. Zehn Jahre später erlitt er dann einen Zusammenbruch, von dem er sich nie wieder erholte. Er schickte »Wahnzettel« – bizarre, doch bedeutungsschwangere Notizen – an seine Freunde. Die letzten gut zehn Jahre seines Lebens verbrachte er in geistiger Dämmerung, *Jenseits von Gut und Böse*.

Mit seinem Werk *Menschliches, Allzumenschliches. Ein Buch für freie Geister* wird er zum entschiedenen Kritiker der christlichen Moral. (»Protestantismus: die halbseitige Lähmung des Christentums – und der Vernunft.«) Für ihn sind Moralvorstellungen kein festgefügter Kodex, sondern das Ergebnis schöpferischen Denkens von Individuen.

Sowohl Nietzsches *Wille zur Macht* als auch der *Übermensch* wurden von den Nationalsozialisten für ihre Ideologie missbraucht, sind aber keineswegs von ihm in diesem Sinne konzipiert. Es handelt sich eher um psychologische denn um ideologische Konzepte.

Nietzsche musizierte und komponierte kleinere Stücke. Seine Werke für Klavier kann man in seinem Geburtshaus in Röcken, das zu einem kleinen, recht informativen Museum umgestaltet wurde, als Tonträger erwerben.

Auch Karl May komponierte. Sein »Ave Maria« (selbstgedichtet!) wurde 19-mal vertont. Seine Bücher wurden in einer Auflage von mehr als 200 Millionen Bänden verbreitet und in mehr als 40 Sprachen übersetzt! Die historisch-kritische Ausgabe (so etwas kannte ich nur von Goethe) wird 120 Bände umfassen! 1919 betrat Winnetou die deutsche Bühne, ab 1920 wurde er Filmstar. Und von keinem deutschen Autor gib es mehr Hörspiele als von Karl May: mehr als 300!

Im Alter wandte er sich dem Pazifismus zu. Er meinte, man könne Menschen vom Bösen zum Guten erheben. Eine Woche vor seinem Tode hielt er in Wien einen Vortrag mit dem Titel: »Empor ins Reich der Edelmenschen«. Von den Nationalsozialisten wurde ihm der »Übermensch« untergeschoben. Dabei ist

Kara Ben Nemsi (der Deutsche mit dem schwarzen Bart) eher ein rührender Entwurf zur Völkerverständigung denn ein Machtmensch. Und der »Blutsbruder« Winnetou ist keineswegs das Bild eines »Ariers«, sondern der »edle Wilde« in Reinkultur. Natürlich ist Sam Hawkens ein Deutscher besonderer Prägung, ein Sachse, wie er leibt und lebt: witzig, schlitzohrig und voller Selbstironie.

Was verbindet denn nun Karl May, den Populärautor aus dem Erzgebirge, mit Friedrich Nietzsche, den kühnen Verstörer des Bürgertums? Eigentlich nichts. Doch: Karl May litt als Kind unter Nachtblindheit, und Friedrich Nietzsche erblindete im Alter. Beide waren sie Doktoren ohne Prüfung. Und beide sind Sachsen.

P.S.: In Australien wäre ich fast einem Karl-May-Verein beigetreten. Aber für den geforderten Mitgliedsbeitrag konnte ich mir zu Hause über Amazon acht Gesamtausgaben von Nietzsche kaufen. Und was hätte Nietzsche dazu gesagt? »Der Mensch strebt nicht nach Glück. Nur der Australier tut das.« Vielleicht hat er auch »Engländer« gesagt.

14 *Uwe Johnson und die »Könige von Leipzig«*

Neulich war ich im Literaturhaus Uwe Johnson im mecklenburgischen Klütz. Bis dahin wusste ich weder von der Existenz des kleinen Städtchens in der Nähe der Ostseeküste, noch waren meine Kenntnisse über den deutsch-deutschen Schriftsteller Uwe Johnson besonders profund. Zumindest wusste ich nicht, welcher Zusammenhang zwischen Klütz und Uwe Johnsons Werk besteht.

In dem mehr als hundert Jahre alten, hervorragend sanierten Getreidespeicher von Klütz (dem zweithöchsten Gebäude des Ortes nach der Kirche, in dem sich eine Dauerausstellung zu Uwe Johnson befindet) erfuhr ich, dass dieser unscheinbare Ort – fiktiv und dennoch ziemlich eindeutig – mehrmals im Werk des Autors der *Jahrestage* auftaucht. Klütz steht für Mecklenburg und die Landschaft an der Ostseeküste. Nebenbei lernte ich übrigens das nicht ganz unbedeutende Barockschloss Bothmer am Rand des Ortes kennen.

Obwohl meine Beziehung zu dem deutschen Schriftsteller Uwe Johnson, der als einer der Wegbereiter der Moderne in der Erzählliteratur der DDR bezeichnet wird, eher von Unkenntnis geprägt war, stellte ich nach dem Besuch des Literaturhauses fest, dass es bei mir doch einige Bezüge zu seinem Leben gab.

Erstens verband uns eine Neigung zum angloamerikanischen Sprachraum. Uwe Johnson übersetzte Ende der fünfziger Jahre Herman Melvilles Roman *Israel Potter* aus dem Amerikanischen. 1986 beauftragte mich der Verlag Neues Leben in Berlin, den Roman noch einmal zu übersetzen, da die DDR die Devisen zum Kauf der Lizenz sparen wollte. Und zweitens verband uns die Motivation, im Alter von zwanzig Jahren nach Leipzig zum Studium zu gehen. »In die wahre Hauptstadt der Deutschen Demokratischen Republik«, wie Uwe Johnson meinte. Wir wollten bei den Professoren Theodor Frings und Hans Mayer deutsche Sprache und Literatur studieren. Beide Hochschullehrer machten Leipzig zu einem attraktiven Studienort. Christoph Hein nannte sie einmal »Könige von Leipzig«.

Der aus Köln stammende Sohn eines jüdischen Kaufmanns promovierte mit 24 Jahren in Berlin zum Dr. jur.; zwei Jahre später, 1933, musste Hans Mayer dann ins Exil gehen. Er verstand sich als Sozialist und Marxist. 1948 wurde er zum Professor für Kultursoziologie an die Universität Leipzig berufen. Er wurde

Leiter der Abteilung Kulturgeschichte und Kulturpolitik, einer der Direktoren des Franz-Mehring-Instituts, Ordinarius am Germanistischen Institut und 1951 Leiter der Abteilung Geschichte der Nationalliteraturen. In Westdeutschland war er ein gern gesehener Gast, etwa 1959 als Kritiker bei der Gruppe 47 in Bayern.

Am 2. Juli 1963 hält Hans Mayer seine letzte Vorlesung im Hörsaal 40: Goethes *Torquato Tasso*. Am 17. August dann die Mitteilung Hans Mayers an das Staatssekretariat für das Hoch- und Fachschulwesen der DDR aus Hamburg, dass die Tätigkeit in Leipzig unter den dort herrschenden Bedingungen nicht fortgesetzt wird. Er fühlte sich durch den Artikel in der *Leipziger Volkszeitung*, »Eine Lehrmeinung zu viel«, davongejagt.

Am 3. September erfahren wir vor dem Hörsaal 40 wartenden Studenten, dass die für den Tag angekündigte Vorlesung von Hans Mayer nicht stattfindet, sondern von den Professoren Walter Dietze und Siegfried Streller gehalten wird. Der Kommentar eines Germanistikstudenten aus dem fünften Studienjahr: »Was, die beiden sind Professor geworden? Ich dachte immer, eh das passiert, habe ich längst mein erstes Auto!«

Wir erfuhren dann im Hörsaal 40, dass Hans Mayer die Republik verraten habe. Aber auf solche »Typen« sei unsere DDR, die Heimat aller fleißigen Werktätigen, nicht angewiesen.

Und ich war wegen Hans Mayer an die Uni nach Leipzig gekommen …

Im Frühsommer 1961 sollte Professor Mayer in die Deutsche Akademie der Wissenschaften gewählt werden. Professor Frings wandte sich dagegen, weil er Hans Mayer für keinen seriösen Wissenschaftler hielt. Und tatsächlich hatte Frings gegen Mayers Aufnahme gesprochen: »Wer Germanist ist, bestimme ich!« Das konnte natürlich nur jemand wagen, der von 1927 bis 1957 an der Universität Leipzig Professor und Direktor des Instituts für Deutsche Sprache und Germanische Philologie war, Präsident der Sächsischen Akademie der Wissenschaften von 1948 bis 1965 und Mitglied der Akademie der Wissenschaften (Sekretär der Klasse für Sprachen, Literatur und Kunst 1951 bis 1961).

In einem Nachruf auf Frings, der 1968 starb, hieß es, er war »der letzten Könige einer«. Und sein Schüler Manfred Bierwisch, einer der bedeutendsten deutschen Linguisten der zweiten Hälfte des 20. Jahrhunderts, meinte über Frings: »Es gibt geborene Präsidenten.« Seine wissenschaftlichen Assistenten waren Nichtraucher, hatten aber stets Streichhölzer einstecken, um dem Chef die Zigarre wieder anzuzünden.

Frings' Lieblingsgebiet war der Minnesang, vor allem *Parzival*. Vielleicht haben deshalb seine Studenten Uwe Johnson und Manfred Bierwisch das *Nibelungenlied* neu übersetzt. Johnson ehrte seinen Freund mit dem literarischen Porträt »Fünfundzwanzig Jahre mit Jake, auch Bierwisch genannt.«

Theodor Frings urteilte immer nach der Person. Die politische Überzeugung interessierte ihn weniger. So stimmte er in der Nazizeit etwa gegen die Entlassung des jüdischen Ägyptologen Steindorf, obwohl er wusste, dass er damit seine eigene Position gefährdete. Und er förderte in der DDR Wissenschaftler, die nicht in der SED waren.

Als emeritierter Professor hatte er in der alten Universität noch ein Arbeitszimmer. Ich kam immer knapp vor Vorlesungsbeginn. Und so passierte es zweimal, dass Professor Frings, der eben aus seinem Dienst-Tatra ausgestiegen war, mit den Worten »Der wissenschaftliche Nachwuchs darf nicht zu spät kommen« mir die Tür aufhielt …

Professor Mayer erlebte ich doch noch. 1992 kam er noch einmal nach Leipzig. Er hielt einen zweistündigen Vortrag, frei sprechend wie immer. In der Folgezeit war er den Kollegen gegenüber, die ihn 1963 vertrieben hatten, sehr milde, wie ich fand: »KeineUmarmung, kein Gezeter.« Aber vielleicht ist das der Schlüssel: Altersweisheit gepaart mit Nachsicht.

Oder einfach: Vergebung.

15 *Bach und Mendelssohn – eine Wiedergeburt mit Folgen*

Bach habe ich erst ziemlich spät gehört. Eine Motette in der Leipziger Thomaskirche im Winter 1964. Ein kleines Konzert des Thomanerchors ohne Eintrittspreis. Und das gab es jede Woche am Freitag und Sonnabend. Welch ein Privileg für die Leipziger! Aber viele wussten davon nichts.

Natürlich kannten die Leipziger ihren Johann Sebastian Bach. Das merkte ich als Zugereister durchaus. Das ist doch der hinter der Thomaskirche auf dem Denkmal! Der dreht seine Rocktasche nach außen, weil er zeigen will: Die Stadt zahlt ihm als Thomaskantor viel zu wenig! Nun, ganz so einfach ist es nicht. Aber er musste schuften und hatte viele Kinder. Da kann es einem schon mal die Rocktasche nach außen drehen!

Dieses Problem hatte Felix Mendelssohn Bartholdy nicht. Sein Vater war Banker. Aber geschuftet hat er trotzdem – bis er umfiel. Er hatte ja auch nicht so viel Zeit wie Bach. Der musste erst mit dem Eintritt ins Rentenalter den Löffel abgeben. Davon konnte Mendelssohn nur träumen. Er war Gewandhauskapellmeister in Leipzig, Königlicher Kapellmeister von Sachsen und von Preußen und gründete das erste deutsche Konservatorium. Er zeugte fünf Kinder. Und er war mit 22 schon in England und Schottland, in Frankreich, Italien und der Schweiz gewesen.

Mit 33 ist er schon zum siebten Mal in England. Das beeindruckt Königin Victoria. Sie, die Siegreiche, empfängt Felix, den Glücklichen. Die englische Queen, die nicht nur Mendelssohn sehr zugeneigt war, sondern auch Schottland liebte, war »very much amused«, dass Felix ihr seine »*Schottische* Sinfonie« widmete. Sie und Prinz Albert waren bei der Londoner Aufführung anwesend. Und vier Jahre später folgt der zweite Streich. Sein Oratorium *Elias* bringt Mendelssohn in Birmingham zur Uraufführung. Das macht ihn noch an seinem 200. Geburtstag, also 2009, in Großbritannien zu einem der vier Komponisten des Jahres: »Mendelssohn – A Love Affair with Britain.«

Bachs jüngster Sohn Johann Christian, der »Londoner Bach«, hatte schon einige Jahrzehnte zuvor dort gelebt und war in England als »a Saxon master of music« bekannt geworden.

Bach war mit zehn Jahren Waise. Er kommt zum Bruder nach Ohrdruf, der Startschuss für ein alles andere als ansässiges Leben. Mit fünfzehn ist er Schüler am Michaeliskloster in Lüneburg, mit achtzehn Hofmusikus in Weimar und im gleichen Jahr Organist in Arnstadt, vier Jahre später Organist in Mühlhausen. Kurz vor seinem 29. Geburtstag wird er zum Konzertmeister der Weimarer Hofkapelle ernannt. 1717 wird er Kapellmeister am Hof des Fürsten Leopold von Anhalt-Köthen und schließlich 1723 in Leipzig Thomaskantor und Musikdirektor.

112 Jahre später sollte Mendelssohn ihm in diesem Amte nachfolgen. Jedoch wird der nicht den Thomanerchor, wohl aber das Gewandhausorchester leiten. Und er wird sich für die Besserstellung seiner Musiker einsetzen, während Bach als Thomaskantor mit der »faulen Blase« der Sängerknaben zu kämpfen hatte.

Zu kämpfen hatte Bach sein Leben lang. Er war ein richtiger Anleger. Aber nicht an der Börse. Er legte sich an mit der Stadt, mit der Universität und mit der kirchlichen Obrigkeit. Die Anlässe waren meist geringfügig.

Und dennoch wird Johann Sebastian Bach »Anfang und Ende aller Musik«, wie sein Kollege Max Reger schreibt. Die Zeitgenossen sahen das durchaus nicht so. Da stand Bach in einer Aufzählung der bedeutendsten deutschen Komponisten hinter Händel, Telemann und dem gothaischen Hofkapellmeister Stölzel! Es dauerte fast hundert Jahre, bis Felix Mendelssohn als Zwanzigjähriger Bachs *Matthäus-Passion* mit 400 Musikern und Sängern in Berlin wieder aufführte. Und 150 Jahre lang wusste man nicht, wo Bach begraben worden war. Seine

»Magnificat«-Handschrift wurde in Hamburg für sieben (!) Mark versteigert.

Nachdem Mendelssohn Bachs *Matthäus-Passion* in der Leipziger Thomaskirche wiederaufgeführt hatte und das von ihm gestiftete Bachdenkmal enthüllt war, forderte Robert Schumann eine deutsche Bach-Gesellschaft. Und kaum waren sieben Jahre um, da gab es eine! Thomaskantor Moritz Hauptmann hatte den Vorsitz der Deutschen Bach-Gesellschaft, die 1850 gegründet wurde. Robert Schumann war natürlich Mitglied. Die Gesellschaft brachte Bachs Werke von 1851 bis 1899 in 46 Bänden heraus. Die 403 Subskribenten wurden – unter anderem – durch eine Werbeaktion von Franz Liszt mühsam gehalten. Auf seine Initiative wurde auch 1885 noch das Eisenacher Bachdenkmal enthüllt.

Brahms wiederum zählte die Vollendung der Bach-Ausgabe zu den größten Ereignissen seines Lebens. Und wer nannte Johann Sebastian einen »musikalischen Wundermann«? Kein geringerer als Richard Wagner. Ein Dr. med. et theol. et phil., der zu den führenden Organisten seiner Zeit zählte, legte eine noch immer gültige »Bach-Bibel« vor: Albert Schweitzer.

Felix Mendelssohn Bartholdy war zwar nur Dr. phil. hc. und er schrieb auch keine Bibel, aber er erreichte, dass ein in Leipzig gestiftetes Legat, das der sächsische König in Dresden anlegen wollte – bis heute typisch für die Landeshauptstadt –, seiner Zweckbestimmung in Leipzig zugeführt wurde. Mendelssohn kaute dem sächsischen König – in Briefform – so lange ein Ohr ab, bis der das Geld zurückgab und in Leipzig das erste deutsche Konservatorium entstand. Die Studierenden waren von Anfang an multikulti, Edvard Grieg war vier Jahre hier, Leos Janáček zwei. Das Institut war im Hofgebäude des Ersten Gewandhauses im heutigen Gewandgässchen untergebracht. 44 Jahre später zog man in ein repräsentatives Haus in der Grassistraße, wo sich das Konservatorium seit 1887 befindet.

Johannes Brahms meinte: »Ich wollte meine sämtlichen Werke dafür hingeben, wenn mir ein Werk wie die Hebriden-Ouvertüre gelungen wäre.« – Nun, Herr Brahms, vielleicht ein wenig zu bescheiden.

Ein symbolträchtiges Fenster gibt es an Bachs Wirkungsstätte, der Thomaskirche. Im Zentrum dieses Fensters sehen wir ein Mendelssohn-Porträt. Und darunter die Zeile »Hilf Du Mir«. Mendelssohn kehrte immer wieder nach Leipzig zurück, nicht wegen des Fensters, sondern »weil hier wirkliche Musik gemacht wird, Musik, die klingt«.

Dass es außer der Musik für Bach noch andere Freuden gab, zeigt eine Wirtshausquittung, die er unterschrieben hat. Nach der Prüfung der Orgel in der Marktkirche in Halle, die er mit Christian Friedrich Rolle aus Quedlinburg und dem Thomaskantor Kuhnau vornahm, speisten die drei Herren:

1 Stück Bäffallemote (Boeuf à la mode)
Hechte mit einer Sartelle bey
1 gereuchert Schinken
1 Aschette mit Erbsissen
1 Aschette mit Erteffen
2 Aschetten mit Spenadt und Zerzigen
1 gebraten Schöpseviertel
Gesodtner Kerbisse
Sprützkuchen
Eingemachte Zitronenschalle
Eingemachte Kirschen
Warmer Spargel Saladt
Kopf Saladt
Rettisgen
Frische Butter
Kellberbraten

Und dazu wurden 44 Kannen Rheinwein und vier Kannen Frankenwein getrunken.

Nicht umsonst heißt es in einer Kantate des Bach-Verehrers Mendelssohn: »Wie der Hirsch schreit nach frischem Wasser, so schreit meine Seele, Gott, nach Bier.« (So habe ich es jedenfalls 1985 von einem Sänger gehört.)

16 *»Die sächsische Geschichte ist eine Folge mehr oder weniger gutartiger Katastrophen«*

Das befand der Leipziger Kabarettist Jürgen Hart. Darüber lässt sich sicher trefflich streiten. Da die sächsische Geschichte notwendigerweise in einem gewissen Zusammenhang zur deutschen – ja selbst zur europäischen – Geschichte steht, scheint es doch recht gewagt, sie allein zu betrachten. Außerdem dürfte die Definition von »gutartigen Katastrophen« ein gerüttelt Maß an Zeit in Anspruch nehmen. Es sei denn, man betrachtet den Begriff als dialektischen Kunstgriff. Ohne Zweifel kann eine unkontrollierte Anhäufung von Gutartigkeiten in eine Katastrophe umschlagen. Gleichwohl steht am Ende jeder Katastrophe die Aufhebung derselben. Mit diesem Problemfeld hat sich schon der alte Hegel herumgeschlagen. Als Preuße konnte er natürlich keine Lösung finden. Dazu bedarf es nämlich einer gewissen »Fichelanz« (Umsicht und Geschicklichkeit, von dem französischen Wort »vigilance«). Und die haben nun einmal die Sachsen. Genauso wie etwas Nordisches. Und etwas stark Englisches. Das kann man heute noch feststellen: an den Grafschaften Essex (Ostsachsen), Wessex (Westsachsen), Sussex (Südsachsen) und Middlesex.

Die frühen sächsischen Fürsten waren nicht selten bedrängt, gebissen oder gar entartet. Zumindest ist das von einem Dietrich, einem Friedrich und einem Albrecht überliefert. Ansonsten waren sie durchaus groß, stark und erlaucht. Oder zumindest beherzt und streitbar. Und sie sprachen unsere Sprache. Das bewies vor allem unser letzter König. Nein, nicht König Kurt Biedenkopf, sondern Friedrich August III. Er hieß im Volksmund »unser Geenich« und ließ sich gern mit Kutschern oder Fleischermeistern verwechseln. Unzählige Anekdoten beschreiben ihn als ausgesprochen volksnah und schlitzohrig. Also typisch sächsisch. Dazu später mehr. Jetzt noch mal zurück zur »Fischelanz« der Sachsen.

Die bewiesen sie schon um 900 mit dem Stammesherzogtum Sachsen. Hermann Billung war dabei als Herzog von Sachsen (obwohl offiziell nicht so genannt) und Vertreter des deutschen Kaisers Otto I. besonders machtbewusst. Leider starben die Billunger schon nach 150 Jahren aus. Glücklicherweise hatte König Heinrich I. schon 929 die Burg Meißen gegründet, wo später das erste deutsche Schloss entstehen sollte. Und so konnte die Christianisierung der Slawen ihren Lauf nehmen.

Die Welfen, die bald folgten, gaben den Sachsen sogar Sand (beziehungsweise Land) in Mecklenburg. Nach dem Sturz Heinrichs des Löwen 1197 teilte man das Herzogtum – hier kann man wunderbar zu den Wettinern springen. 1423 wurde als erster Wettiner Markgraf Friedrich der Streitbare Kurfürst von Sachsen. Aber nach 62 Jahren stritten sich die Wettiner Brüder Ernst und Albrecht und es kam – genau – zur Leipziger Teilung in das Kurfürstentum von Ernst und das Herzogtum von Albrecht.

1547 – wieder nach 62 Jahren! – verlor die Ernestinische Linie die Kurfürstenwürde an die Albertiner. Das war natürlich Mist. Jetzt war Herzog Moritz Kurfürst von Sachsen. Aber dafür stürzten sich die Ernestiner auf alle möglichen Thronsessel in Europa. Und Moritz baute, vielleicht nicht ganz allein, in Halle die Moritzburg, in Leipzig die Moritzbastei und bei Dresden das Schloss Moritzburg.

Man konnte sich im 16. Jahrhundert in Sachsen natürlich auch auf die humanistischen Ideen eines Philipp Melanchthon stürzen. Ab 1541 wurde sogar das Bildungswesen reformiert. Ob die Gesamtschule eingeführt wurde, ist den Quellen nicht zu entnehmen. Renaissance- und Barockbauten kennzeichneten die rasante Entwicklung Kursachsens.

Wo wir bei Gebäuden sind: Mit dem Fenstersturz von Prag begann 1618 der Dreißigjährige Krieg, obwohl die Katholiken ihren Sturz überlebt hatten. Kursachsen nahm zuerst im Konflikt zwischen Kaiser Matthias und den aufständischen protestantischen Böhmen eine neutrale Position ein. 1620 trat Sachsen auf die Seite des Kaisers. Zehn Jahre später verbündete es sich mit dem schwedisch-protestantischen Lager. (»Mor weeß ja nie, wozu es gut ist ...«) Schon 1635 schloss Sachsen in Prag einen Friedensvertrag mit Kaiser Ferdinand II., aber erst mit dem Neutralitätsabkommen von Kötzschenbroda 1645 endeten auch für die Kursachsen die Kriegshandlungen. Und 1648 brachte der Westfälische Frieden endlich wieder Ruhe. Friedhofsruhe quasi. Zwischen 1625 und 1644 gab es nämlich auch acht Pestepidemien in Sachsen. Durch Pest und Krieg war die sächsische Bevölkerung fast auf die Hälfte zusammengeschmolzen. Städte und Dörfer waren zerstört und verschwanden teilweise von der Landkarte.

1656 trat Johann Georg II. die Nachfolge seines Vaters an. Bergbau, Hüttenwesen und Handwerk erholten sich langsam. 1661 erweiterte Kaiser Leopold I. die Leipziger Messeprivilegien. Vom kurfürstlichen Hof ging ein allgemeiner kultureller Aufschwung aus: Architektur, Musik, Malerei und Wissenschaft gelangten zu neuer Blüte. Der Oberlandbaumeister Wolf Caspar von Klengel brachte barocke Architektur nach italienischem Vorbild nach Sachsen, Heinrich Schütz etablierte hochbarocke Kirchenmusik in Dresden. Auch die italienische Oper erreichte einen Höhepunkt.

1680 folgte auf Johann Georg II. Johann Georg III. Das sächsische Heer beteiligte sich erfolgreich am Kampf gegen die Türken unter Großwesir Kara Mustafa Pascha. 1683 wurde Wien von der türkischen Belagerung befreit. Und danach wurde der Kaffee in Sachsen heimisch. Der Döner schaffte es erst 310 Jahre später.

1694 wurde der 24-jährige Friedrich August nach dem plötzlichen Tod seines Bruders Johann Georg IV. überraschend Kurfürst. Er sollte als August der Starke eine der Lichtgestalten der sächsischen Geschichte werden. Unter seiner Regentschaft blühte das Manufakturwesen in Kursachsen. Es wurde bald ergänzt um das Fabrikwesen. Auch die Einführung des Gregorianischen Kalenders fiel in diese Zeit. Mit der Einführung des Geheimen Kabinetts (auswärtige, innere und militärische Angelegenheiten) schuf August II., Kurfürst von Sachsen und inzwischen auch polnischer König, ein Instrument zur Stärkung der Zentralgewalt.

Nachdem die »Leipziger Zeitungen« mit 14-tägiger Verspätung im Juli 1789 vom Sturm auf die Pariser Bastille berichtet hatten, kam es schon ein Jahr später (ja, so schnell sind wir Sachsen manchmal!) in der Sächsischen Schweiz zu Bauernunruhen wegen der übertriebenen kurfürstlichen Wildpflege (!).

1806 erlitten die preußisch-sächsischen Armeen in der Schlacht von Jena und Auerstedt eine vernichtende Niederlage durch die Armee Napoleons. Das Heilige Römische Reich Deutscher Nation bestand nicht mehr. Kursachsen wurde in Arrondissements aufgeteilt und Kurfürst Friedrich August III. wurde als Friedrich August I. sächsischer König von Napoleons Gnaden. Das war dor geene Art un Weise!

Während der Völkerschlacht vom 16. bis 18. Oktober 1813 kam es in und um Leipzig zu schlimmen Verwüstungen. Mehr als sechzig Dörfer waren davon betroffen. Da die Sachsen erst im letzten Moment zu den Verbündeten übergelaufen waren, wurden sie von diesen nichtsdestotrotz als Verlierer behandelt. Um Haaresbreite wäre Leipzig daher preußisch geworden! Unvorstellbar! Aber viele Sachsen erlitten dieses Schicksal und kamen an das Königreich Preußen.

Mit dem Wartburgfest 1817 gewann die Burschenschaftsbewegung in Sachsen als bürgerliche Kraft an Gewicht. In der Kultur wandelte die Spätromantik ins Biedermeier hinüber. Carl Maria von Weber, Ludwig Richter und Carl Spitzweg kamen groß raus. Und Leipzig wurde durch die Bildung des Börsenvereins deutscher Buchhändler 1825 endgültig zum Zentrum verlegerischer Arbeit in Deutschland.

1830 war Leipzig schon einmal der entscheidende Ort für eine Revolution. Allerdings keineswegs so friedlich wie 1989. Mit dem Sturm auf das Haus des Polizeipräsidenten wurde dessen Rücktritt erzwungen. Genau ein Jahr später wurde vom König eine Verfassung unterzeichnet und nach englischem Vorbild ein Zweikammerparlament gegründet. Von 1831 bis 1918 gab es nun in Sachsen eine konstitutionelle Monarchie. Aber Revolutionen gab es weiterhin: Im März 1848 griff die Februarrevolution von Paris auch auf Sachsen über. Wieder war Leipzig der Ausgangspunkt – Robert Blum hatte am 1. März eine Petition zur Pressefreiheit nach Dresden gesandt. Im Mai 1849 kam es in Dresden zu Straßenkämpfen. Sächsische und preußische Truppen schlugen gemeinsam den Aufstand nieder.

Die preußische Provinz Sachsen war übrigens die wirtschaftlich reichste des Landes, das Zentrum des Zuckerrübenanbaus in Deutschland und der Ausgangspunkt des Genossenschaftswesens. (Dankbar kaufe ich heute noch täglich im Konsum ein.) Sächsischer Erfindergeist und der sich sprunghaft entwickelnde Maschinenbau führten zu einer raschen industriellen Entwicklung. Ein paar Jahre später fuhr die erste

Ferneisenbahn von Leipzig nach Dresden. Die revolutionären Gedanken reisten jetzt auf dem kürzesten Weg. Ende des Jahrhunderts gibt es fast fünf Millionen Sachsen. Im Ersten Weltkrieg verliert das Land allerdings mehr als 200 000 Menschen, das waren etwa fünf Prozent seiner Bevölkerung.

Am 9. November (!) 1918 übernimmt dann der Arbeiter- und Soldatenrat in Dresden die Macht. Am nächsten Tag wird die Republik ausgerufen – im Zirkus Sarrasani. Der König flieht nach Moritzburg. Am 13. November tritt Friedrich August III., »unser Geenich«, zurück. Kein gekröntes Haupt mehr in Sachsen. Als er danach mit dem Zug auf dem Leipziger Hauptbahnhof ankam, jubelten die Leipziger: »Unser Geenich!« Er erwiderte: »Ihr seid mir ja scheene Rebubligahner!«

Am 1. November 1920 wurde dann der Freistaat Sachsen geboren. Pro forma existierte er auch während der Naziherrschaft von 1933 bis 1945. 1947 wurde die Verfassung des Freistaates aufgehoben, 1952 wurde er in die Bezirke Dresden, Leipzig und Chemnitz (Karl-Marx-Stadt) aufgeteilt. Seit dem 3. Oktober 1990 gibt es wieder das Land Sachsen und jetzt auch wieder einen Freistaat. Auf der Albrechtsburg in Meißen neu gegründet. Na, wenn das nichts ist!

Erstaunlich ist, wie oft die ihrer Natur nach friedfertigen Sachsen in Kriege hineingezogen wurden. Der Schmalkaldische Krieg (Worum ging es da eigentlich?), der Siebenjährige Krieg, die Völkerschlacht, der Deutsch-Österreichische Krieg, der Deutsch-Französische Krieg. Und leider spielten die Sachsen auch bei der Niederschlagung der Pariser Kommune 1871 eine unrühmliche Rolle. Da zeigt sich eben, welch katastrophale Folgen der Verrat am eigenen Charakter zeitigt. Auch in den Weltkriegen mussten die Sachsen mehr oder minder gute Miene zum bösen Spiel machen.

Nach 1945 gab es einen Sachsen, der sogar die Preußen regierte (Rache nach 130 Jahren!), wenn auch nicht zur Freude der Sachsen: der aus Moskau heruntergekommene Walter Ulbricht. Ihm haben wir bis heute eine Diskreditierung des Sachsen zu verdanken, verbunden mit einer Ablehnung der sächsischen Sprache, die der Diskriminierung unserer Wohllaute nahekommt. Der Leipziger Ulbricht wird als Chef der SED (und später der DDR) der wohl unbeliebteste Sachse Deutschlands.

1989 bröckelt die Macht der allmächtigen SED, und nach den Montagsdemonstrationen in Leipzig kracht die DDR zusammen wie ein Kartenhaus. Der sogenannten friedlichen Revolution haben wir es zu verdanken, dass wir seit 1990 nicht nur in einem einheitlichen Deutschland, sondern gleichzeitig in einem wiedervereinigten Sachsen leben. Auch wenn sich die Sachsen in den letzten fünfzig Jahren in ihrem Land um eine Million verringert haben, viele Pensionäre aus den »gebrauchten Bundesländern« siedeln sich zunehmend bei uns an. Dadurch wird zwar die Produktion in Sachsen nicht gesteigert, aber Konsum und Steuereinnahmen sind auch nicht zu verachten. Und ich habe neulich voller Überraschung und in freudiger Erregung hören dürfen, wie ein gebürtiger Rheinländer auf die Frage, ob er wieder zurückwolle, antwortete: »Äwo!«

Wenn man Sachsens politische Entwicklung über die Jahrhunderte betrachtet, so ist eine deutliche Entwicklung in Richtung geistige Öffnung und Liberalisierung bis hin zur europäischen Repräsentanz festzustellen. Denn es ist kein Zufall – wenn auch für den Normalbürger nicht ganz verständlich –, dass es in Brüssel eine sächsische Landesvertretung gibt (übrigens in der ehemaligen DDR-Botschaft). 1999 waren unter den zwölf Mitarbeitern sogar zwei Sachsen. Und wie ist es heute?

Vom Kurfürstentum über das Königreich und die Republik bis zum Freistaat: Eigentlich ging es politisch gesehen immer bergauf. Deswegen war der Weg für uns Sachsen ziemlich schwer. Alles in allem können wir ganz zufrieden sein. Was allerdings passiert, wenn der Freistaat eines Tages zur Volksrepublik wird, das konnte nicht mal Karl Marx voraussehen. Aber eins ist sicher: Das Sein verstimmt das Bewusstsein.

17 *Die Leipziger Schule – Lernen ohne Ende*

Nur Menschen aus Krähwinkel werden sich wundern, wenn in der Messestadt der Begriff Leipziger Schule ohne jede weitere Erläuterung gebraucht wird. Kein Leipziger würde fragen, um welche Schule es sich handele oder ob sie in freier Trägerschaft agiere. Die Leipziger Schule ist – wie wir hier wissen – natürlich kein Gebäude oder eine Einrichtung, wo Schülern Unterricht erteilt wird. Sie vereint eine Anzahl von Malern, die sowohl in Darstellung als auch in Sujets eine bestimmte Art der modernen Malerei der Siebziger und Achtziger des letzten Jahrhunderts repräsentieren. Sie wird vorwiegend mit den Namen Tübke, Heisig und Mattheuer verbunden. Aber natürlich gehören zur Leipziger Schule auch die Schüler der drei genannten Maler. Etwa Arno Rink, Volker Stelzmann, Sighard Gille und Wolfgang Peuker.

Werner Tübke, Bernhard Heisig (beide waren Rektoren der Hochschule für Grafik und Buchkunst in Leipzig) und Wolfgang Mattheuer: Alle drei lehrten an der Hochschule, die schon 1764 als Akademie für Malerei gegründet worden war. Dort haben sie als Professoren ihre Malweise an die nächste Generation weitergegeben.

Während Bernhard Heisigs Werke sich durch leidenschaftliche Farbbehandlung auszeichnen, sind Wolfgang Mattheuers Arbeiten stark mit Metaphern und Allegorien besetzt und eher der sogenannten Neuen Sachlichkeit verbunden. Das Markenzeichen von Werner Tübkes Arbeiten wiederum ist eine artistisch hochkultivierte Malweise mit unübersehbarer Neigung zu den alten Meistern.

Wie Wolfgang Mattheuer, Bernhard Heisig und Werner Tübke auch immer zu dem Begriff gestanden haben mögen, unter den sie subsumiert wurden (1973 hatten sie sich in einem Leserbrief davon distanziert: »Was uns verbindet, sind die Prinzipien des sozialistischen Realismus.«), sie gelten als die Begründer der Leipziger Schule. Ihre Schüler wurden meist wieder Lehrer an der Leipziger Kunstakademie.

Seit 2004 gibt es nun – mittlerweile in der zweiten Generation – die Neue Leipziger Schule mit dem in Leipzig geborenen Neo Rauch an der Spitze. Der 1960 geborene fühlte sich unlängst nach eigenen Aussagen geistig wie 65 und körperlich wie zwanzig! Die Diskrepanz ist auffällig. Und nicht nur hier: »Ich bin ein Konservativer und heiße Neo.«

Die beiden Leipziger Schulen unterscheiden sich vor allem durch ihre Wirksamkeit in den modernen Medien und die Aufmerksamkeit, die Sammler weltweit der Neuen Leipziger Schule schenken. Absolut nicht mit den Zeiten der DDR vergleichbar!

Es gibt durchaus schon Prognosen, dass der Hype keinesfalls so lange anhalten wird, dass die betroffenen »jungen« Maler ihn nicht überleben werden. Und dass die in den letzten Jahren um ein Vielfaches gestiegenen Preise für Bilder von Rauch, aber auch von Ruckhäberle, Schnell und Baumgärtel weder die Qualität der Bilder noch die Produktivität der Maler steigern, ist kein Geheimnis. Die Praxis der Galerien im In- und Ausland macht es den Malern nicht mehr möglich, selbständig über den Verkauf ihrer Bilder zu entscheiden. Nicht selten kommen aber potentielle Käufer ins Atelier und wollen entweder die Entwürfe für künftige Bilder oder »das übernächste Bild« kaufen. Dennoch: Die Hoch-Zeit der Neuen Leipziger Schule ist vorbei.

Neo Rauch gilt als der erfolgreichste deutsche Maler – wenn man von Gerhard Richter absieht. Amerikanische Sammler haben ihm dazu verholfen. Er gilt der *New York Times* als »Max Ernst des postsozialistischen Realismus«. Merkwürdigerweise hat der Leipziger Maler mit seiner Mischung aus gegenständlicher Malerei und phantastischer, symbolgeladener Weltsicht genau den Geschmack der amerikanischen Kunstliebhaber getroffen. Er selbst spricht von »figurativer Malerei mit Anklängen von Werbemalerei und amerikanischem Comic«. Aha!

Rauch stieg nicht auf wie der Phönix aus der Asche. Er kräuselte sich nach oben wie der Rauch aus dem Kamin nach der Papstwahl. Sein Aufstieg hat etwas Unwirkliches und Esoterisches. Der Maler wehrt sich natürlich gegen die Deutung seiner Bilder. Dabei zwingt er den Betrachter förmlich, seinen Verschlüsselungen zu folgen. Ratlosigkeit ist meist das Ergebnis. Und so soll es nach der Meinung des Schöpfers auch sein. Er entäußert sich und ist damit im Werk verschwunden. Der Kunstkonsument soll seine Bilder ganzheitlich erfahren.

Was den Klang seiner Bilder betrifft, die Farbtöne, so höre ich nichts, das mich beschwingt. Während ich bei Paul Klee Bach höre und bei Arnold Böcklin Wagner, schweigen mich Neo Rauchs Bilder dumpf an. Er ist in seinem Handwerk ein Meister. Aber über ein gutwilliges Interesse hinaus sprechen mich seine Bilder nicht an. »Jedes Bild ist erst einmal ein Problem – eine Verheißung und ein Problem zugleich. Wie beim Schachspiel«, meint der Meister. Nun verstehe ich. Ich bin ein miserabler Schachspieler.

Und ich bin weder Kunstsammler noch Kunsthistoriker. Und Amerikaner zu werden, war mir nicht vergönnt, weil meine Mutter mit siebzehn das Angebot einer Arbeit in New York schnöde abgelehnt hatte.

Rauch erobert Sympathie aus der Ferne. Er will weder nach New York, London noch nach Paris ziehen – nicht einmal nach Berlin. Er bleibt seiner Heimatstadt Leipzig treu. Neo Rauch – ein Sachse von echtem Schrot und Korn! Und bald werden wir ihn als Bildhauer kennenlernen. Vielleicht mit einem Selbstbildnis als Bauer? Oder als Radler? Er fährt täglich dreißig Kilometer zu seinem Atelier und zurück. Doch Vorsicht, Herr Rauch: »Der Fracksaum des staubgrauen Dieners ist in die Fahrradspeichen geraten.« (So sein Kommentar zur vorzeitigen Aufgabe seines Professorenjobs.)

Was ist denn eigentlich das Geheimnis der Neuen Leipziger Schule? Es ist so einfach wie genial: Malen mit Pinsel und Farben auf Leinwand. Und wer das in einer Zeit der Concept Art, Installation und Videokunst wagt, der muss belohnt werden – mit Aufmerksamkeit, Anerkennung und Markterfolg.

Natürlich bekräftigen die Künstler der Neuen Leipziger Schule, dass sie nicht schneller arbeiten, weil die Preise sich vervielfacht haben. Und einer der neuen jungen Leipziger Maler hat, so wird es in der Szene kolportiert, das Handtuch geworfen (oder sagt man die Leinwand?). Er hat – zumindest vorübergehend – das Malen eingestellt. Schulferien sozusagen.

18 *Der Sachse als Übersetzer – von der Wiege bis zur Bahre*

Zum Übersetzer geboren werden Dichter und Sachsen. Das bedeutet aber keineswegs, dass jeder sächsische Dichter Übersetzer wird. Aber da das Übersetzen eine unendliche sprachliche Annäherung an das Original ist, der nur der Publikationstermin ein Ende setzt, wird der selbst Schreibende am besten in der Lage sein, die Intentionen des Originalautors umzusetzen.

Allerdings besteht durchaus die Gefahr, dass die Stärke des eigenen Talents dem Dichter als Übersetzer im Wege steht. Günter Kunert hat den sechziger Jahren eine Anzahl englischsprachiger Dichter ins Deutsche übersetzt, die dann alle sehr stark wie Kunert klangen. Ein Glücksfall dagegen ist Samuel Beckett, der als in Paris lebender Ire sein *Warten auf Godot* – sicher der größte Nachkriegserfolg zeitgenössischer Dramatik – auf Französisch schrieb und selbst ins Englische übersetzte.

Der Sachse wird geboren, lernt seine Muttersprache und wird spätestens mit dem Eintritt in die Schule zum Übersetzer. Der Wohlklang sächsischer Laute wird im Bildungs- und Erziehungswesen meist als störend empfunden. Ganz zu schweigen von lexikalischen Abweichungen von der sogenannten Hochsprache, welche ohnehin im Sächsischen langsam dahinschwinden.

Nicht zu unterschätzen sind auch die zunehmenden Verbindungen von West-, Süd- und Niederdeutsch sprechenden Männern mit den wunderschönen sächsischen Frauen. Die aus diesen Liaisons entsprießenden Kinder haben es schon schwer genug, die in ihren Genen angelegten sächsischen Sprechschwingungen hervorzubringen. Aber der Natur und dem Aufenthalt auf Spielplätzen ist es zu verdanken, dass die Sprösslinge von Familien, in denen der Lebensunterhalt noch mit produktiver Arbeit der eigenen Hände verdient wird, zuweilen sogar waschechtes Sächsisch sprechen.

Aber nur wenige schaffen den Sprung vom sächsischen Idiom in ihrem Herzen und auf der Zunge zu einem hochdeutschen Buch, das in ganz Deutschland gelesen wird. Joachim Ringelnatz hat sich durch seine Skurrilität einen Weg gebahnt in die Ohren und Herzen von Nichtsachsen. Richtig Sächsisch hat er nie geschrieben. Hans Reimann, der seine Muttersprache eigentlich nicht mochte, hat nach dem Verlassen seiner Heimatstadt Leipzig das Sächsische dort zurückgelassen.

Nur Wolfgang Hilbig, der tags Heizer war und nachts schrieb, hat seine Muttersprache nie verleugnet und dennoch gültige deutsche Literatur geschrieben.

Bis zu einem gewissen Grade trifft das auch auf den Dresdner Dichter Thomas Rosenlöcher zu. Er hat aber sicher noch ein Stück Weges zurückzulegen, um Hilbig zu erreichen. Da dieser leider schon gestorben ist, wünschen wir jenem noch viele erfolgreiche Schaffensjahre …

Aus dem Hochdeutschen ins Sächsische zu übersetzen sollte nur einer Dichterin gelingen. Die Leipziger Mundartdichterin Lene Voigt schaffte es, mit ihren *Säk'schen Glassiggern* und den *Säk'schen Balladen* in den zwanziger und frühen dreißiger Jahren des letzten Jahrhunderts eine Leserschaft von München bis Hamburg und von Köln bis Breslau zu erreichen. Ihre Bücher waren in allen Bevölkerungsschichten verbreitet. Ich habe Lene Voigts Gedichte auf den Geburtstagsfeiern meines Großvaters kennengelernt. Er war Heizer bei Villeroy und Boch in Dresden. Auf meine Frage, von wem die schönen sächsischen Gedichte waren, die zu seinem Geburtstag vorgetragen wurden, antwortete er: »Es gibt keinen Autor. Das ist Volksdichtung.« Aber die Autorin war zweifelsfrei Lene Voigt aus Leipzig. Sie hatte das geschafft, was jede Schriftstellerin und jeder Schriftsteller anstrebt: Volkseigentum zu werden.

Lene Voigt hat in einer genialen Weise Balladen und Dramen der deutschen Klassik ins Sächsische übersetzt. Aber auch Shakespeares *Hamlet* kann man auf Sächsisch lesen: *Hamlädd oder: Dr verbrächerische Onkl.* Dabei werden die Originale keineswegs beschädigt oder der Lächerlichkeit preisgegeben. Das gilt gleichermaßen für die Märchen. Komik wird durch die Ernsthaftigkeit der Handlung unter Benutzung typisch sächsischer »Accessoires« erzielt. So bringt Rotkäppchen der Großmutter »änne Flasche Abbelwein, änne Biggse Eelsardin' un änne Bäbe« (»Bäbe« ist Sand-, Napfkuchen). Und der Jäger schneidet den Wolfsbauch auf mit »änner Gefliechelschäre aus dr Großemudder ihrer Giche« (man beachte den sächsischen Genitiv!).

Schillers *Bürgschaft* wird zur *Bärchschaft*. Die Ballade – 1926 erschienen – überrascht durch aktuell wirkende Details:

Da war mal ä gans gemeener Dyrann,
där schnauzte bloß egal de Untertan' an.
Die mussten sich schinden bei schbärlichen Habben
un dorften drzu rächt viel Schteiern berabben.

Wilhelm Tell (*Wilhelm Dell oder Bolidik un Familche*) wird beschrieben:

Sei Vollbart war dr Schwarm dr Fraun.
Un von sein Muskeln, von sein Gnochen
ward weit un breit im Land geschbrochen.
In jeden Schweizer Durnverein
Da lud mr Delln als Mitglied ein.

Und Hamlet verliert selbst im Tode nicht den Sinn fürs Praktische:

Dann schdarb Brinz Hamlädd als dr vierde
un schbrach drzu: Horazio,
beärdichd uns nur gleich ang gro.*

19 *Die sächsischen Dichter – weich in der Sprache und weich im Gefühl*

Sächsische Dichter – das ist eine contradictio per se. Der Dichter verdichtet – Gedanken, Sprache. Doch wie will ein Sachse verdichten? Seine Sprache ist weitschweifig und redundant. Böse Zungen behaupten sogar, er leide an »Wortdurchfall«.

---

* en gros

Dennoch hat gerade das sächsische Land bedeutende deutsche Dichter hervorgebracht. Und nicht nur Landschaftsdichter. Großstadtlyrik und Liebesgedichte zeugen von der Fähigkeit des Sachsen, sich selbst zu überwinden. Ob Andreas Gryphius, Sarah Kirsch oder Andreas Reimann, ob Lessing, Gottsched oder Wulf Kirsten – die sächsische Sprache ins Deutsche gewandt kann große Dichtkunst werden! Und eine ganz eigene Gattung sind die Dichter, die in sächsischer Zunge schrieben oder schreiben. Nicht wegzudenken aus dem sächsischen Dichterolymp ist die Leipzigerin Lene Voigt. Ihr haben die sächsischen Kabarettisten am 1. Mai 2011 in Leipzig sogar eine Gedenktafel gesetzt.

Wenn wir von einem Dichter sprechen, denkt man meist an Lyriker. Der Dichter kann aber auch als Synonym für den Schriftsteller schlechthin stehen. Also kann der Dichter nicht nur Gedichte verfassen, sondern genauso gut Romane oder Erzählungen schreiben, ja selbst Theaterstücke fallen in sein Ressort. Sachsen, das ausgleichende, das liebliche Land, scheint die schreibende Zunft angezogen zu haben, darunter eine erkleckliche Anzahl von Dichtern, die sich mehreren Genres verpflichtet fühlen oder fühlten – von Heinz Czechowski über Thomas Rosenlöcher bis Joachim Ringelnatz (der auch noch malte!).

Die sächsischen Dichter (Schriftsteller) sind oft für ihre Überzeugung hart bestraft worden. Nun gut, nicht jeder wurde gleich standrechtlich erschossen wie Robert Blum. Aber Theodor Körner fiel im Freiheitskampf. Und der Kommunist Bruno Apitz verbrachte viele Jahre im Zuchthaus und im Konzentrationslager. Erich Loest saß sieben Jahre im berüchtigten Zuchthaus Bautzen. Karl May lernte das Zuchthaus ebenfalls kennen. Allerdings waren die Gründe dafür eher profaner Natur.

Der Drang, aus der Enge des deutschen Vaterlandes auszubrechen, ist ein Kennzeichen der sächsischen Dichter. Johann

Gottfried Seume bewies das nicht nur mit seinem *Spaziergang nach Syrakus*, sondern er bereiste auch Polen, Russland und Skandinavien. Joachim Ringelnatz durchpflügte die Weltmeere und Max Zimmering kam sogar bis nach Australien – wenn auch nicht ganz freiwillig.

Ein ewig suchender sächsischer Dichter war Wolfgang Hilbig. Er suchte seinen Platz in der Gesellschaft – als Mensch und als Dichter. Und er suchte sich selbst. Er hätte ein echter Arbeiterdichter werden können. Er war Arbeiter und er war einer der bemerkenswerten Dichter der Nachkriegsgeneration. Doch die Gesellschaft, die war nicht so. In der DDR wurde erst spät etwas von ihm veröffentlicht. Und die Bundesrepublik, in der er ab 1985 lebte, wurde dem Heizer aus Meuselwitz bei Leipzig auch nicht zur Heimat. Wäre er bei der Suche nach seinem *Ich* (1993) auf Gott gestoßen, so hätte er vielleicht etwas für die Ruhe seiner Seele gefunden …

Eine Neigung zum Geistlichen ist den sächsischen Dichtern durchaus nicht abzusprechen. Bei Luther ist sie unübersehbar. Aber auch Paul Gerhardts Lieder und Paul Flemings Barocklyrik zeigen ihre Verbundenheit mit religiösen Themen.

Nicht weniger eng ist die Beziehung einiger Dichter zum Geistigen, vor allem zu geistigen Getränken. Dass Goethe täglich drei Liter Wein trank, führte ja zu der ärztlichen Empfehlung, dass man täglich drei Liter Flüssigkeit zu sich nehmen möge. Bei Hans Fallada führte die Neigung zu Hochprozentigem letztendlich zum Tod. Und auch Heiner Müller soll sich ja wohl im Whisky aufgelöst haben …

Ganz anders verhielt es sich mit der Sächsischen Dichterschule. Sie löste sich sang- und klanglos in den siebziger Jahren auf. Es handelte sich dabei um eine lose Gruppierung jüngerer Schriftsteller, die mehr als zehn Jahre die Lyrik in der DDR geprägt hatten. Sie hatten fast alle am Leipziger Literaturinstitut Johannes R. Becher studiert und waren meist Schüler von Georg Maurer, der dort als Professor lehrte. Ich habe in einer Vorlesungsreihe im berühmten Hörsaal 40 der Leipziger Universität Volker Braun, Sarah und Rainer Kirsch erlebt, die aus ihren Lyrikbänden lasen, welche in mehr als 10 000 (!) Exemplaren erschienen. Nach der Ausbürgerung von Wolf Biermann – der zum Kreis der jungen kritischen Dichter gehört hatte – gingen einige in den Westen, die meisten blieben in der DDR und durften später auch wieder publizieren.

Der sächsische Dichter kann erst in seiner Gänze gewürdigt werden, wenn man die Genialität Goethes und die Weisheit Lessings, die Empfindsamkeit eines Novalis und die Menschenfreundlichkeit von Erich Kästner mit dem Humor von Joachim Ringelnatz und der *Ode an die Freude* von Friedrich Schiller verbindet.

Lessing war übrigens ein sehr guter Schüler, was man von Arnold Vieth von Golßenau, also Ludwig Renn, gar nicht sagen konnte. Dennoch schwärmte dieser als junger Mann davon, Novalis', also Georg Philipp Friedrich Freiherr von Hardenbergs, *Heinrich von Ofterdingen* zu vollenden. Das Ergebnis war *Adel im Untergang*. Glücklicherweise scheiterte der kommunistische Adligen, der an der Zwickauer Volkshochschule Vorlesungen über chinesische Geschichte hielt, an Ofterdingens Heinrich.

Apropos Geschichte: Die sächsischen Dichter belebten alle Epochen der deutschen Literatur. Heinrich von Morungen, dessen Gebeine neben der Leipziger Thomaskirche ruhen, war ein Minnesänger wie sein später Nachfahre Andreas Reimann, der im Leipziger Café Grundmann dichtet – auch wenn achthundert Jahre zwischen ihnen ruhen.

Übrigens habe ich schon immer gewusst, dass Hans Fallada ein Buch für mich geschrieben hat: *Kleiner Mann – was nun?*

20 Sachsen und Angelsachsen – gemeinsam am Haken

Unsere Vorväter, die alten Sachsen, siedelten weit entfernt vom heutigen Stammesgebiet. In Nordschleswig und Süddänemark. Es gibt noch heute im Süden Dänemarks eine starke Präsenz von Deutschen in den lokalen Parlamenten. Allerdings handelt es sich dabei nicht um Sachsen. Denn die verließen ihre Heimat vor mehr als 1500 Jahren. Schon damals bewiesen sie ihre enorme Reiselust. Und sie »machten nicht nur bis nunter nach Bulgarchen«. Gemeinsam mit den Angeln und Jüten überquerten sie die Nordsee. Sie erreichten Britannien. Kaiser Konstantin hatte 407 die römischen Truppen von dort abgezogen. Die Sachsen hatten zwar schon früher Stippvisiten nach Britannien unternommen. Jetzt aber nutzten sie das Machtvakuum und unterwarfen die keltischen Briten. Diese waren quasi selbst schuld, sollen sie nach Abzug der römischen Soldaten doch erste angelsächsische Söldner unter den Anführern Hengist und Horsa (»Hengst« und »Pferd«) ins Land gerufen haben.

Die Angeln wurden schon von Tacitus (98 nach Christus) beziehungsweise von Ptolemäus (zweites Jahrhundert) erwähnt. Und der Kirchenhistoriker Beda behauptet 600 Jahre später: »Von den Angeln und den Jüten und den Altsachsen stammen die Angelsachsen.« Um 1000 setzte sich die Bezeichnung »Englaland« – von den Wikingern eingeführt – gegen die älteren einheimischen Bezeichnungen durch. Auch zur Unterscheidung: Dort, in England, lebten die »englischen Sachsen«, während auf dem Kontinent immer noch die Festlandsachsen wohnten.

Die Angeln siedelten sich nördlich der Themse an, in Mittelengland und an der Ostküste bis südlich von Edinburgh. Die Sachsen im Tal der Themse und südlich bis zum Ärmelkanal.

Es entwickelte sich ein angelsächsisches Runenalphabet, bevor auch in England die lateinische Schrift eingeführt wurde. Die angelsächsische Sprache, die der altsächsischen ähnelt, ist eine Wurzel des Englischen. Noch heute gibt es Gemeinsamkeiten zwischen dem Englischen und dem Niedersächsischen.

597 begann die Christianisierung der Angelsachsen mit der Entsendung von vierzig Missionaren durch Papst Gregor den Großen. Der Mönch Augustin, der in Canterbury wirkte, hatte besonderen Einfluss. Heidnische Bräuche hielten sich dennoch im Volk.

Eine erkleckliche Anzahl sächsischer Kirchen (»saxon churches«) zeugen in Südengland noch heute von der Anwesenheit unserer Vorfahren. Außerdem tragen bis auf Kent alle südenglischen Grafschaften das Sächsische im Namen: von Middlesex bis Sussex. Dass dabei »sax« zu »sex« wurde, verwundert. Zumal nicht unbekannt ist, was die Briten von sich selbst behaupten: »No sex please, we are British!«

Eine Kirche aus sächsischer Zeit gibt es auch in London. Es ist die älteste der Stadt. Besonders beworben wird dieses Baudenkmal aus dem 11. Jahrhundert nicht. Man findet es sozusagen in einem Hinterhof von der Fleet Street aus.

Die Zeit der Sachsen in England endete, als Wilhelm der Eroberer sie im Jahre 1066 in der Schlacht bei Hastings vernichtend schlug. Er kam aus der Normandie und brachte die normannische Sprache mit. So wurde Französisch die Landessprache des englischen Adels. Das Volk sprach aber Sächsisch.

Robin Hood verteidigte die Angelsachsen gegen die Normannen und nahm den Reichen das, was er meinte, den Armen geben zu müssen. Er wurde zur Legende. Vielleicht war er der erste sächsische Revolutionär? Und so finden sich also in der heutigen Sprache der Briten fast ebenso viele germanische wie romanische Wörter. Manchmal gibt es zwei Wörter für einen Begriff: »folk« und »people« sind das Volk, »land« und »country« ist das Land, »speech« und »language« ist die Sprache und – last but not least – »sheer« und »pure« heißt beides rein.

Inzwischen haben es sich viele deutsche Wörter im englischen Sprachraum gemütlich gemacht. Und dazu gehören nicht nur »gemütlichkeit« und »angst«. Als ich durch Mittelengland wanderte, hing an einer Eisenbahnbrücke ein riesiges Plakat: »Abseiling is not permitted.« Dabei hatte ich überhaupt nicht die Absicht, mich abzuseilen! Natürlich gehören »autobahn«, »sauerkraut« und »kindergarten« zu den in Großbritannien bekannten nicht ganz englischen Wörtern. Aber dass »kaffeeklatsch«, »quark« und »rinderpest« auch schon zum Wortschatz der Engländer gehören, hätte ich nicht vermutet. Zumal die Rinderpest als BSE eher auf der Insel als auf dem Kontinent beheimatet ist. Schön ist auch, dass »ostpolitik«, »marzipan« und »frauleinwunder« zunehmend den Weg in die Münder unserer englischen Freunde finden.

Die Sachsen haben aber nicht nur ihre Wörter nach England gebracht. Sie haben sogar einen der ihren (nicht der Iren!) auf den englischen Thron gebracht. King George hieß eigentlich Georg und kam aus dem damals fast sächsischen Hannover. Seit 1714 kommen also die englischen Könige aus dem Hause Hannover, seit 1901 sogar aus Sachsen-Coburg-Gotha! Im Ersten Weltkrieg wurde das Königshaus aus politischen Gründen dann aber zum Haus Windsor, damit man es nicht mehr so doll merkt.

Irgendwie sind wir wahrscheinlich alle mit der englischen Queen verwandt. Jedenfalls haben die Adelsforscher herausgefunden, dass Herzog Franz von Bayern, der Wittelsbacher, der nächste englische König werden könnte, wenn der »Act of Settlement« aus dem Jahre 1701 – der einen katholischen Thronfolger ausschließt – vom britischen Parlament aufgehoben würde. Die Veranstalter des Münchner Oktoberfestes haben sich schon dafür ausgesprochen …

Und schließlich haben wir ja auch schon im Frühmittelalter eine englische Königin zur Kaiserin des Heiligen Römischen Reiches gemacht: Matilda, die Tochter des englischen Königs Henry I., heiratete den deutschen König Heinrich V. Ihre Großväter waren der schottische König Malcolm III. und der normannische Wilhelm der Eroberer, der 1066 die Sachsen geschlagen hatte. 1109 wurde die siebenjährige Matilda – die in Oxfordshire lebte – per Ferntrauung in Westminster mit Heinrich V. verlobt. Das lohnte sich, die Mitgift betrug 10 000 Mark Silber! 1111 wurde Heinrich V. zum Kaiser gekrönt, 1114 fand in Mainz die Hochzeit der beiden statt. Ein Thronerbe stellte sich nicht ein. 1117 wurde Matilda schließlich Kaiserin des Heiligen Römischen Reiches.

Na da haben wir bei den Engländern aber noch etwas gut!

21 *Leipzig – ein Klein-Mailand?*

Leipzig ist die heimliche Hauptstadt Sachsens. Und die Stadt der Missverständnisse. Das beginnt schon bei dem legendären »Mein Leipzig lob ich mir. Es ist ein Klein-Paris und bildet seine Leute.«

Die Werbung wäre ohne diesen Goethe-Satz aus dem *Faust* um einen wesentlichen Aspekt der Leipzig-Präsentation ärmer. Aber Goethe legte diesen Satz einem betrunkenen, reaktionären Studenten in Auerbachs Keller in den Mund. Das heißt, der Satz ist als eine ziemlich böse Ironie zu verstehen. Richtig gelesen sollte er lauten: »Leipzig ist für mich spitze. Es ist ein Klein-Kleckersdorf und die meisten Leute hier sind strohdoof!«

Heute ist das natürlich ganz anders. Die meisten Leipziger sind gar keine echten Leipziger. Es handelt sich bei den sogenannten Leipzigern vorwiegend um »Braunkohlenopfer«. Ende der zwanziger Jahre des letzten Jahrhunderts wurde rings um Leipzig in großem Stil mit dem Braunkohlentagebau begonnen. Zuvor hatte man schon kleinere Vorkommen unter Tage abgebaut. Davon wurden die Orte, wo das geschah, kaum in Mitleidenschaft gezogen. Anders beim Tagebau: Die Dörfer mussten weichen. Riesige Gruben verschlangen Häuser und Bäume. Durch die Absenkung des Grundwasserspiegels wurde der traditionelle Leipziger Auewald – ein Feuchtbiotop – in seinem Charakter zerstört.

Die Bewohner der inzwischen von der Landkarte verschwundenen Orte um Leipzig wurden in der Stadt angesiedelt. Viele fanden im Neubaugebiet Grünau – wo 100 000 Menschen wohnen sollten – ihre neue Heimat. Heute wird der Leipziger Stadtteil vom Rückbau geprägt. Weil die Hälfte der Einwohner schon verschwunden ist.

Dafür wird nun in der Stadt saniert und neu gebaut. Das Waldstraßenviertel ist ein überwältigendes Areal aus Gründerzeit- und Jugendstilhäusern. Und im Musikviertel am alten Gewandhaus, das 1968 abgerissen wurde, entstehen moderne Stadtvillen (»Musikwürfel«), die den Immobilienmaklern ein weites Aktionsfeld eröffnen. In der Innenstadt wurden die zu Beginn des 20. Jahrhunderts entstandenen Messehäuser nach 1990 ebenso liebevoll saniert wie die zahlreichen Barockbauten – könnte man denken, wenn man die Fassaden betrachtet. Leider handelt es sich allzu oft um »potemkinsche Dörfer«. Innen wurde entkernt, was das Zeug hielt (oder auch nicht). Besonders eklatant ist der Petershof, in dem sich das bedeutende Kino Capitol befand, das Zentrum der Dokumentarfilmwoche. Ein Gebäude, das der Kultur diente. Heute sagt uns eine Werbung an der Fassade, was los ist: »CULT«.

Anstelle der in einem barbarischen Akt von der Partei der Arbeiterklasse gesprengten Universitätskirche St. Pauli steht jetzt ein Gedenkbau, der den bei der Sprengung eingeknickten Giebel zur Erinnerung an den unseligen 30. Mai 1968 nachbildet.

Die Genossen von Partei und Regierung hatten eigentlich geplant, mit Ausnahme des Alten Rathauses die »bürgerlichen Häuser« im Stadtzentrum durch schöne sozialistische Neubauten zu ersetzen. Gott sei Dank fehlte der SED dafür das Geld! Und so blieben uns die »Alte Börse« und der »Grönländer« erhalten.

Als Student blickte ich oft in der nach dem Krieg als Torso erhaltenen Universitätsbibliothek durch ein winziges blindes Fenster in den mit Birken bewachsenen ehemaligen Lesesaal. Und ich glaubte in den sechziger Jahren nicht, dass ich diesen Saal jemals würde betreten können. Doch kaum waren dreißig Jahre um – da ging's! Unbeschreiblich das Glücksgefühl, als ich 1994 die restaurierte Haupttreppe des hundert Jahre zuvor entstandenen Gebäudes hinaufging. Ebenso frappierend der Hauptbahnhof. Auch wenn ich ursprünglich gegen die Umgestaltung des größten Kopfbahnhofs Europas zu einem Konsumtempel sogar eine öffentliche Rede gehalten habe, muss ich heute zugestehen, dass das Konzept der »Promenaden« aufgegangen ist. Ein blitzsauberes Einkaufszentrum, das mit Friseur, Gemüseladen und Unterhaltungselektronikgeschäft an jedem Wochenende Hunderte Kauflustiger aus dem Umland anzieht. Die beiden großen Parkhäuser sind jedenfalls überfüllt. Wenn die vielen Anglizismen nicht wären – »Mc Clean« für Toilette und »Cut and Go« beim Friseur –, würde ich sagen: »Spitze!«

Mit dem Einbau der zweigeschossigen Promenaden im Hauptbahnhof schließt der Bau an die Leipziger Passagen an. Leipzig ist wahrscheinlich die einzige europäische Stadt, die ein so ausgeklügeltes System von Durchgangshöfen und Passagen besitzt. Sie befinden sich vor allem in den großen Messehäusern, die zwischen dem Ende des 19. Jahrhunderts und dem Ersten Weltkrieg entstanden.

Die berühmte Mädlerpassage mit Auerbachs Keller und der Darstellung des Fassritts aus dem *Faust* wirkt wie eine kleine unscheinbare Schwester neben der prachtvollen Passage Vittorio Emanuele in Mailand, die fünfzig Jahre früher entstand. Die Tradition der Passage, einer glasüberdachten Straße mit Ladengeschäften, geht auf Paris zurück. Dort entstand die erste schon Ende des 18. Jahrhunderts. Also ist Leipzig doch ein Klein-Paris?

Als ich in Jerusalem war, fühlte ich mich in manchem Basar an unser Leipzig mit seinen Durchgangshöfen erinnert. Nicht umsonst wurde die Passage durch das Warenhaus abgelöst. (Am Brühl entstand jüngst ein neues Einkaufszentrum, das wir Leipziger brauchen wie eine dritte Schulter. Aber das nur am Rande.)

Leipzig war seit jeher eine Handelsstadt. Oder wie der Volksmund es ausdrückte: »Bei uns regieren die Pfeffersäcke!« Im Rat der Stadt hatten die merkantilen Interessen meist das Übergewicht. So wurde 1859 das vom Erbauer des Dresdner Zwingers, Daniel Pöppelmann, errichtete Peterstor abgerissen, weil die Petersstraße verbreitert werden musste. Und das Alte Rathaus entging mit einer Abgeordnetenstimme 1901 dem Abriss. Man sieht, die Genossen der Sozialistischen Einheitspartei Deutschlands waren äußerst traditionsbewusst. (1988 brachten Bernd-Lutz Lange und ich ein Kabarettprogramm in Leipzig auf die Bühne: »Mir fangn gleich an! Kurzer Abriß von Leipzig«.)

1572 nannte man unsere Stadt: »Leipzig, eine durch die Wissenschaft und den Handel berühmte Stadt Meißens«. Otto der Reiche, Markgraf von Meißen, hatte Leipzig 1165 das Stadtrecht verliehen und der Stadt die Pflege des Handels anvertraut. Kaiser Maximilian I. erteilte der Stadt 1507 das Messeprivileg. Und so gab es fortan die Messestadt Leipzig. (Erst 1989 nannte man sie erstmalig Heldenstadt Leipzig – na ja …)

Der nächste Schritt zur bedeutenden Handelsstadt war der Erwerb des Niederlags- oder Stapelrechts. Die Stadt erwarb damit das alleinige Recht, in einem Umkreis von fünfzehn Meilen Warenlager anzulegen. So sind schon frühzeitig Niederlagen in Leipzig nachgewiesen. Die größte Niederlage der Stadt allerdings sollte noch Jahre auf sich warten lassen: Es war die dreimalige Besetzung im Dreißigjährigen Krieg.

Zur weiteren Entwicklung der Handelsbeziehungen der Stadt Leipzig trugen die reichen Silberfunde im Erzgebirge zu Ende des 15. Jahrhunderts bei. Und zur gleichen Zeit entwickelte sich das Buchgewerbe in Leipzig. Der erste Druck in Leipzig erschien 1481. Und der Drucker Kunz Kachelofen wirkte ab 1485 hier.

Doch Leipzig ist nicht nur die Stadt der Messen. Als Universitätsstadt, die 2009 das 600. Jahr der Gründung der »Alma mater lipsiensis« feierte, ist diese nach Heidelberg die zweitälteste in Deutschland. Die Gründung der Universität ging auf deutsche Studenten aus Prag zurück, die mit ihren Professoren vor den Hussiten nach Leipzig geflohen waren. Sie zogen die weltoffene Lindenstadt der Stadt Breslau vor.

Geradlinigkeit und Einstehen für die eigene Überzeugung – der Gründungsmythos – sollten im 20. Jahrhundert jedoch nicht zu den Stärken der Universität werden. Sowohl in den zwölf Jahren der Naziherrschaft als auch in der Zeit der »sozialistischen« Karl-Marx-Universität erwies sich das geistige Zentrum der Messestadt als ausgesprochen linientreu. Von der »braunen« Universität zur »roten«. Erst waren es die jüdischen Lehrkräfte, die von der Universität vertrieben wurden. Und nach 1945 vertrieb nach einer kurzen Phase liberalen Denkens der Stalinismus Ulbrichts die Professoren Bloch und Mayer aus Leipzig, wohin sie nach dem von den Nationalsozialisten erzwungenen Exil in der Hoffnung auf ein neues Deutschland gegangen waren. Leipzig hat auch eine bedeutende Rolle bei der Einführung der Reformation in Deutschland gespielt. Schon 1512, als Luther in Wittenberg zum Doktor der Theologie promoviert wurde, wanderte er von dort nach Leipzig, um das Geld zu erheben, das Friedrich der Weise für seine Promotion angewiesen hatte. Und 1519 kam er zur berühmten Disputation mit Dr. Eck in die Pleißenburg. Herzog Georg vertrat den Katholizismus, das Volk jedoch jubelte Luther zu. Dann aber stoppte der Bauernkrieg das Vordringen der Reformation. Und Herzog Georg verbannte ab 1532 Lutheraner aus Leipzig.

Nach seinem Tode im April 1539 übernahm jedoch sein protestantisch gesinnter Bruder Heinrich der Fromme das Herzogtum Sachsen. Und, so schnell kann's gehen, im Mai desselben Jahres predigte Luther zu Pfingsten in der Pleißenburg vor den Fürsten und in der Thomaskirche vor dem Volke. Und 1545 hielt Martin Luther die Predigt zur Weihe der Pauliner- oder Universitätskirche. Da war die Reformation in Leipzig längst angekommen. 1474 waren in Leipzig 519 Bürger »angekommen«, also ansässig. Damit stand die Stadt an zweiter Stelle in Sachsen – hinter Freiberg! Allerdings ist die Zahl in Zweifel zu ziehen, denn in Leipzig gab es zu dieser Zeit schon 700 bewohnbare Grundstücke. 25 Jahre später gab es dann 900 Bürger in der Stadt. Die Zahl der Einwohner betrug allerdings schon 9 000, denn Frauen und Kinder, Gesinde und Universitätsangehörige waren keine Bürger! Das galt gleichfalls für Juden, Reformierte und Katholiken. 30 000 Einwohner erreichte die Stadt 1795, 40 000 erst 1830.

Im Siebenjährigen Krieg war Leipzig die gesamte Zeit von Preußen besetzt. Und was das für einen Sachsen bedeutet, weiß jeder, der – wie ich auch – einmal in Berlin gewohnt hat.

Und in der großen Völkerschlacht 1813 litten die Leipziger nicht nur unter den Zerstörungen durch vier Armeen, sondern vor allem unter der Verdopplung der Bevölkerung durch Verwundete und Sterbende. Danach kam die Stadt zum ersten Mal unter russische Verwaltung. Niemand ahnte, dass sich dieser Vorgang 132 Jahre später mit drastischeren Folgen wiederholen sollte.

1871 waren es nicht Verwundete, sondern Gefangene. 1500 der französischen Armee. Sie wohnten in Zelten auf dem Pfaffendorfer Feld (wo heute der Zoo ist). Und sie luden die schönen Leipziger Mädchen ein: »Mademoiselle, voulez vous me visitez dans ma tente à la nuit?« Worauf die Mütter der Mädchen kategorisch bemerkten: »Nischt gibt's – geene *Fissemadenzchen*!« Und eins der wichtigsten sächsischen Wörter war geboren!

Die Industriestadt Leipzig verdankt diesen Namen wesentlich Dr. jur. Carl Heine, der in der zweiten Hälfte des 19. Jahrhunderts die Westvorstadt schuf und Plagwitz zum bedeutendsten Industriestandort der Stadt machte. (Übrigens gab es 1990 etwa 100 000 Industriearbeitsplätze. Heute sind es weniger als 10 000) Er hatte auch die Idee, Leipzig den Zugang zur Nordsee zu verschaffen. Über den Elster-Saale-Kanal. Der Kanal blieb unvollendet. Bis heute fehlen noch acht (!) Kilometer. Aber jetzt gibt es wieder einmal Pläne zur Vollendung …

Pläne einer ganz neuen Qualität birgt das Projekt »Neue Ufer«, das die schrittweise Freilegung des Pleiße- und Elstermühlgrabens erreichen möchte. Ich habe zwanzig Jahre am Elstermühlgraben, der wie viele Leipziger Wasserläufe verrohrt war, gewohnt. Meinen Kindern habe ich oft gesagt, dass sie es noch erleben werden, wenn der Elstermühlgraben wieder ans Licht geholt wird. Und sie werden nicht mehr wissen, dass die Pleiße einst ein Reimwort war …

Erich Kästner schrieb 1923 über die heimliche und die tatsächliche Hauptstadt Sachsens: »Leipzig ist das Heute. Und

Dresden – das Gestern. … Leipzig ist die Wirklichkeit. Und Dresden – das Märchen. … Und achtzig Kilometer Luftlinie liegen zwischen dem Märchen und der Wirklichkeit …«

22 *Dresden – Elbflorenz?*

Ob Dresden seinen Beinamen verdient, konnte ich bis 1990 nicht beurteilen. Denn erst dann durfte ich nach Florenz. Aber auch danach war ich unsicher. Seit die Frauenkirche wieder steht, gibt es den berühmten »Canaletto-Blick« vom anderen Ufer der Elbe. Den habe ich in Florenz vergebens gesucht. Vielleicht lag es an der fehlenden Elbe …

Die Elbe war für uns Dresdner Kinder ein fast mythischer Strom. Er konnte vom rinnsalähnlichen Plätscherfluss zum starkstromigen Überschwemmungssee werden. Und manchmal verbarg er sich unter einer Eisdecke, die so dick war, dass wir darüberschlittern konnten. Von einem Ufer zum andern. Und er trug uns auf Raddampfern in die Sächsische Schweiz, wo wir durch den Kuhstall und die Schwedenlöcher zur Bastei wanderten.

Wanderungen erschlossen mir als Kind auch die vielfältige Umgebung der Stadt. Die Dresdner Heide war der Ort der von der Schule veranstalteten Ferienspiele. Nahe Ausflugsziele waren der Windberg bei Freital und die Babesnauer Babbel (Pappel), die Waldteiche bei Moritzburg und der Zschonergrund. Einen besonderen Blick auf die Stadt hatte man vom Spitzhaus oberhalb der Radebeuler Weinberge.

Natürlich sind wir auch »in die Stadt gefahren«. Das bedeutete fünfzehn Minuten Fußweg zur Straßenbahnhaltestelle und zwanzig Minuten Bahnfahrt. In die Stadt fuhr man nur, um ins Theater oder ins Konzert zu gehen oder die Vogelwiese beziehungsweise den Striezelmarkt (die traditionellen Dresdner Jahrmärkte) zu besuchen. Ab und an ging es auch in den Zoo, was mit einer Fahrt auf der Pioniereisenbahn – einer Mini-Dampfeisenbahn mit Kohlenheizung – verbunden wurde. Und besonders gefragt war ein Besuch im Hygiene-Museum, wo wir eine Gläserne Frau bestaunten. Ansonsten war die Stadt für mich nach 1945 ein unübersehbares Areal von Ruinen und Trümmerbergen, die bis zu einer Höhe von fünf Metern gleichmäßig zusammengeschoben waren. Nur der Rathausturm ragte einsam in den Himmel.

Großereignisse waren der Besuch der weltberühmten Gemäldegalerie, nachdem die Sowjetunion 1954 die »sichergestellten« Kunstschätze an die DDR zurückgegeben hatte. Und die nicht sehr häufigen Besuche des Theaters der Jungen Generation, wo die *Schneekönigin* mich zu Tränen rührte. Auch Schülerkonzerte der Dresdner Philharmonie gehören dazu. Ansonsten war Dresden für mich Trachau, Trachenberge (mit der für den Dresdner typischen Lautverschiebung »D« zu »T«), Mickten und Pieschen. An »Elbflorenz« erinnerte nur eine Pralinenmarke.

Natürlich war Dresden für mich auch der Goldene Reiter August der Starke, das Transformatoren- und Röntgenwerk, Graf Brühl und der designierte Honecker-Nachfolger Hans Modrow, Gret Palucca und Otto Dix. Ebenso wie die »Bunte Republik« (die Innere Neustadt) und der Kulturpalast, der Große Garten und der Wilde Mann.

Ob der Wilde Mann ein Mann ist, wollen Sie wissen? Na, ursprünglich schon, das heißt vielmehr ein Wappenhalter und Hausschmuck an einem Haus unterhalb der Dresdner Heide, am Fuße eines Weinbergs, der in Rudimenten in meiner Kindheit noch existierte. Da der Besitzer des Hauses und Weinbergs von August dem Starken das Schankrecht erhielt (es war sein Generaladjutant), breitete sich der Name bald über die ganze Gegend aus und bezeichnet heute das ganze Stadtviertel.

Das Gründungsdatum der Stadt war umstritten. Nehmen wir einfach 1206 an, so steht der 810. Geburtstag vor der Tür. Sicher ist, dass dort an der Elbe seit langer Zeit Slawen gesiedelt hatten. Sie nannten sich Auenwaldbewohner (Dreschdschani). Und auf der Seite des Flusses, wo heute die Neustadt liegt, befand sich die slawische Siedlung Altendresden. Die Altstadt ist also eigentliche das neuere Dresden. Na, das ging ja gut los!

Das erste Rathaus diente gleichzeitig als Kaufhaus. Wobei nicht überliefert ist, ob Waren oder Stimmen verkauft wurden. Das Niederlags- und Stapelrecht erhielt die Stadt erst ein Vierteljahrhundert später. Dann wurde aber gestapelt, was das Zeug hielt. Es kam sogar zur Hochstapelei.

Nach dem Stapeln wurde wieder geteilt: die berühmte Leipziger Teilung von 1485. Danach regierten die beiden gemeinsam in Dresden regierenden Wettiner, die Brüder Ernst und Albrecht, das Kurfürstentum und das Herzogtum Sachsen getrennt.

Ohne das Kurfürstentum und die Wettiner wäre Sachsen etwa so wie Bayern ohne Weißwurst und Franz Josef Strauß. Von 1089 bis 1918 herrschten die Wettiner fast ununterbrochen in der Mark Meißen, dem deutschen Kernland schlechthin. Und so ist es durchaus verständlich, dass die Nachkommen dieses bedeutenden Geschlechts heute um jeden Löffel aus ihrem ehemaligen Besitz feilschen, den sie 1945 zwangsweise abgeben mussten.

Nach dem Dreißigjährigen Krieg, der für die Dresdner schon 1645 mit einem im Dorf Kötzschenbroda mit den Schweden ausgehandelten separaten Waffenstillstand endete, erholte sich Dresden erstaunlich schnell. Und wenn Kurfürst Johann Georg IV. seine Mätresse etwas weniger intensiv und seine Ehefrau Eleonore von Sachsen-Eisenach etwas mehr geliebt hätte, wer weiß, was aus Dresden und Sachsen geworden wäre. Denn dann hätte sein jüngerer Bruder nicht als Friedrich August I. 1694 überraschend die Kurfürstenwürde übernehmen müssen, der später die polnische Krone folgte.

Dass August der Starke ein historischer Glücksfall werden würde, der Kunst und Kultur enorm beförderte und schließlich das »Augusteische Zeitalter« hinterließ, konnte ja keiner ahnen. Mit seinem Tod verlor Dresden immer mehr an Bedeutung, bis der schnöde Überfall Friedrichs II. und die Beschießung der Stadt durch die Preußen im Siebenjährigen Krieg der Residenz die schlimmsten Zerstörungen vor 1945 brachte.

1849 gibt es Barrikadenkämpfe in der Stadt. Natürlich verlieren wieder einmal die Revolutionäre. Dafür entwickelt sich die Industrie in Dresden prächtig: Die erste Nähmaschine Europas wird 1855 hergestellt, die erste deutsche Zigarette 1862 und die erste Holzkamera 1889. Die bedeutende Eisenbahnverbindung nach Leipzig gibt es da schon fünfzig Jahre!

Das 20. Jahrhundert brachte Dresden wieder mal eine Revolution. Diesmal musste der König (mit dem zweifelhaften Zitat »Machd doch eiern Drägg alleene!«) abdanken. Im Zirkus (!) Sarrasani wurde die Republik ausgerufen. Wir waren Freistaat! Und was für einer: mit Kapp-Putsch und Inflation! Mit Pogromnacht und ausgelöschtem antifaschistischem Widerstand!

Am 13. Februar 1945 wurde die Kulturstadt Dresden vernichtet. (Gerhart Hauptmann: »Wer das Weinen verlernt hat, der lernt es wieder beim Untergang Dresdens.«) Ich erlebte die Nacht im Keller des Hauses, das noch beim letzten Bombenangriff auf meine Heimatstadt zerstört wurde. Meine Mutter war eine der Tausenden von Trümmerfrauen, die vor zerstörten Häusern Ziegel putzten, Eisenträger schleppten und Kipploren voller Schutt schoben.

Nach einer kurzen Zeit der Demokratisierung schalteten die aus Moskauer Emigration zurückgekehrten Ulbricht-Kommunisten die Parteien gleich. Kritische Sozialdemokraten verschwanden in Lagern oder gingen in den Westen. Dresden wurde 1952 von der Landeshauptstadt zur Bezirksmetropole. Erstaunlich, dass es bei allen Enteignungen und Überführungen privater Unternehmen in Volkseigentum in Dresden ein privates Forschungsinstitut gab, und zwar das größte im gesamten Ostblock: das von Manfred von Ardenne (der im Volksmund »der kleine Bastler vom Weißen Hirsch« hieß). Aber gebastelt wurde in Dresden und Umgebung schließlich schon immer. Und so entstand im Auftrag des Kurfürsten das Meißner Porzellan, welches man in England »Dresden China« nennt. So muss es sein!

Viele Jungen sind in Dresden aufgewachsen. Manche sind Erfinder geworden, manche Entdecker und wieder andere Ehrenmitglied eines Fußballvereins. Jeder hat seine ganz eigenen Erfahrungen gemacht. Aber nur einer hat seine Kindheit so auf den Punkt gebracht wie Erich Kästner: »Wenn es zutreffen sollte, dass ich nicht nur weiß, was schlimm und hässlich, sondern auch was schön ist, so verdanke ich diese Gabe dem Glück, in Dresden aufgewachsen zu sein.«

23 *Chemnitz – wo die Strümpfe wachsen?*

Eigentlich müsste es heißen: Wo die Strümpfe wuchsen. Denn seit 1990 gingen sie sukzessive ein. Im Strumpfparadies in und um Chemnitz. Trugen Chemnitzer die Strümpfe (die inzwischen zu Strumpfhosen gewachsen waren) nicht mehr, mit denen sie als Karl-Marx-Städter noch ihr Bein schmückten? Ja, genau so! Der Strumpf vom Wirkwarenkombinat Esda konnte dem Bein in der Marktwirtschaft nicht mehr den nötigen Schwung verleihen.

Aber in Chemnitz wuchsen nicht nur die Strümpfe. (Obwohl es eine Zeit gab, in der 90 Prozent aller Strümpfe der Welt aus dieser Stadt kamen.) Chemnitz war vor allem die Stadt des Maschinenbaus. Für Deutschland und für die ganze Welt! Maschinen der Firma Hartmann wurden überallhin geliefert. Das Industriemuseum legt davon beredtes Zeugnis ab. Es befindet sich in der Gießerei der damaligen Auto Union.

Und ein weiteres Museum hebt Chemnitz heraus aus den Industriebrachen und Orten mit sich halbierenden Einwohnerzahlen des mitteldeutschen Industriegebiets: das Museum Gunzenhauser in dem von Volker Staab neu eingerichteten Sparkassengebäude aus dem Jahre 1930. Seit 2007 sind dort die mehr als 2400 Werke der klassischen Moderne und der zweiten Hälfte des 20. Jahrhunderts beheimatet, die der Münchner Galerist Dr. Alfred Gunzenhauser 2003 der Stadt Chemnitz stiftete.

Ein Museum ganz anderer Art ist das Kulturkaufhaus DAStietz. Einen Teil nimmt das Naturkundemuseum ein, in dem mehr als zehn Meter hohe versteinerte Bäume stehen, die in der Stadt gefunden wurden. Wo gibt es denn das in Deutschland noch einmal?

Zwei herausragende Architekturleistungen in Chemnitz: einmal die Villa Esche, eine Unternehmervilla, die 1903 vom belgischen Künstler Henry van de Velde gebaut und ausgestattet wurde. Eine Herausforderung für seinen Gestaltungswillen, denn der Fabrikant ließ ihm völlig freie Hand (und Geld spielte keine Rolle!). Und zweitens das ehemalige Kaufhaus Schocken. Es trägt den Namen seiner früheren jüdischen Besitzer und ist ein hervorragendes Beispiel der Bauhaus-Architektur.

Das wohl auffälligste Denkmal aus der mittelalterlichen Geschichte von Chemnitz ist der Rote Turm. Er gilt als Wahrzeichen der Stadt. Sein Unterteil stammt aus dem späten 12. Jahrhundert. Seit 2007 ist er sogar auf dem deutschen Monopoly zu sehen!

Ein Denkmal ganz anderen Formats ist die »Kerbel-Erbse« oder »dor Nischl«: das Karl-Marx-Denkmal des sowjetischen Bildhauers Prof. Lew Kerbel, Symbol für die Umbenennung der Stadt von 1953 bis 1990. Es ist der zweitgrößte freistehend modellierte Kopf der Welt nach der ägyptischen Sphinx. 1990 entschieden sich die Bürger wieder für den ursprünglichen Namen ihrer Stadt. Dor Nischl wurde jedoch nicht entfernt. Eine erfreulich neue Haltung in der Ideologie und Praxis des Denkmalschleifens.

Benannt wurde Chemnitz nach dem kleinen Fluss gleichen Namens, der bei den Slawen Steinbach hieß. Was man im Chemnitzer Stadtzentrum nicht sofort sieht: Auf jeden Bürger kommen sechzig Quadratmeter Grünfläche. Wenn man die Stadt nach Süden verlässt, bekommt man bald noch mehr Grün. In kurzer Zeit ist man im Erzgebirge.

Das war früher auch bitter nötig. Denn Chemnitz – auch das »sächsische Manchester« genannt – entwickelte sich im 19. Jahrhundert zu einem wahren »Rußnitz«. Und zur reichsten Stadt Deutschlands! Hier entstand das deutsche Patentrecht, und Maschinen aus Chemnitz erhielten in England erstmalig das Gütesiegel »Made in Germany«. Deutsche Wertarbeit war also mal ein Synonym für Produkte aus Chemnitz! Die bekanntesten Erfindungen von Chemnitzern sind die Thermoskanne und das erste synthetische Feinwaschmittel (Fewa). Im Leipziger Stadtteil Plagwitz ziert eine Fewa-Werbung aus den zwanziger Jahren eine ganze Hauswand!

Was ich nicht gedacht hätte: Achtzig Prozent aller Chemnitzer sind »Heiden«! Dafür gibt es für die restlichen zwanzig Prozent eine Vielzahl religiöser Betätigungsmöglichkeiten. Neben vielen freikirchlichen Gemeinden gibt es eine jüdische und eine muslimische Gemeinde, und natürlich seit 1539 Protestanten – und immer noch Katholiken.

In Chemnitz spricht man angeblich einen meißnischen Dialekt. Aber wer will und kann das schon beweisen? Eine entscheidende Rolle dabei spielt die Intonation. Das führt zu der Frage: Wer spricht das feinste Sächsisch? Die Dresdner sind sicher: »De Chemnitzor singn.« Die Leipziger dagegen finden, dass die Dresdner »singen«. Und die Chemnitzer sind davon überzeugt, dass sie das feinste Sächsisch sprechen. Ohne jeden Singsang! Davon sollten Sie sich mal überzeugen …

Nach Leipzig und Dresden ist Chemnitz die drittgrößte Stadt Sachsens. 1143 erhält das Benediktinerkloster das Marktrecht. Die Geburtsstunde der Stadt hat geschlagen. Zumindest urkundlich. Viel mehr Genaues weiß man aber nicht. Offiziell taucht sie erst etwa hundert Jahre später aus dem Nebel der Geschichte.

1357 erhielten vier Chemnitzer Bürger das Bleichprivileg. Das war eine tolle Sache. Sie durften für die Markgrafschaft Meißen Leinwand bleichen. Da erbleichten die Konkurrenten in Leipzig und Dresden aber!

Die nächsten Jahre: Feuer, Krawalle, Pest und Krieg. (Aber das war nicht nur hier so.) Ende des 14. Jahrhunderts gab es innerhalb von fünfzehn Jahren drei große Stadtbrände, obwohl seit fünfzig Jahren eine städtische Brandordnung bestanden hatte! Aber mit Hilfe des markgräflichen Salzprivilegs ging es flott an den Wiederaufbau.

Nach den Bierkrawallen (gibt es auch heute noch) von 1524 schränkte der Rat der Stadt die Rechte der Handwerkerinnungen ein. Aber glücklicherweise gibt es den Doktorus Georgius Agricola (»der Bauer«!). Der Universalgelehrte und »Vater der Mineralogie« wird für zehn Jahre Bürgermeister und macht Chemnitz Mitte des 16. Jahrhunderts zu einem Zentrum des Humanismus. Er schreibt in Chemnitz sein Hauptwerk, das Buch der Metallkunde. Und bald darauf, schon 1852, konnte man mit der Eisenbahn nach Riesa fahren. Aber zuvor wüteten die Pest und der Dreißigjährige Krieg in der Stadt. Fünfzig Jahre dauerte danach die Schuldentilgung!

1883 wurde Chemnitz mit 100 000 Einwohnern Großstadt. 1930 waren es schon mehr als 360 000! Wie in allen sächsischen Großstädten wurde einige Jahre später der Wiederaufbau der Altbausubstanz zugunsten eines Neubauprogramms vernachlässigt.

Zur Erinnerung an den Ehrenbürger und Sohn der Stadt wird hier übrigens seit 2008 der Internationale Stefan-Heym-Preis der Stadt Chemnitz an herausragende Autoren und Publizisten verliehen. Ob sich Heyms Spätwerk *Immer sind die Weiber weg* direkt auf seine Heimatstadt Chemnitz bezieht, soll hier mal offenbleiben …

24 *Herrnhut – ein Stern erobert die Welt*

Das Wort Losungen war in der DDR immer mit dem »Sprachrohr der Partei« verbunden, das dieselben absonderte. Im Volksmund kursierten besonders solche, die nicht direkt der Parteilinie entsprachen: »Ziehen wir alle an einem Tau, erreichen wir das Weltniveau!« Oder an einer Friedhofsmauer: »Alle heraus zum 1. Mai!«

Losungen ganz anderer Art lernte ich in einem Pfarrhaushalt kennen, in dem jeweils vor dem Mittagessen aus einem kleinen Büchlein mit grünem Einband ein Wort aus dem Alten Testament und eins aus dem Neuen verlesen wurden. Dazu noch ein Liedvers oder ein Gebet. Es handelte sich um *Die Losungen* der Herrnhuter Brüdergemeine, die seit 1731 jährlich erscheinen. Das Büchlein enthält 365 Losungen und Gebete: »Gottes Wort für jeden Tag«. Es ist der heimliche Bestseller des deutschen Buchhandels. Jedes Jahr werden mehr als eine Million Exemplare davon verkauft. In fünfzig Sprachen übersetzt, erreicht die Weltauflage bald zwei Millionen.

Bei dem Wort Herrnhut erinnerte ich mich, dass mein Vater mir erzählt hatte, er habe als junger Mann ein Jahr auf einem Gut in der Oberlausitz als Gärtner gearbeitet. Dort hätte es eine freikirchliche Gemeinde gegeben, die unter einem Adventsstern ihre Gottesdienste abhielt. Das Gut hatte früher mal Bertheldorf geheißen, die Gemeinde war Herrnhut. Und der Adventsstern ist heute als »Herrnhuter Weihnachtsstern« bekannt.

Er wurde vor bald 200 Jahren von Internatskindern erfunden, deren Eltern als Missionare der Herrnhuter Brüdergemeine fern der Heimat Schulen und Krankenhäuser errichteten und den christlichen Glauben nach Afrika und Südamerika trugen. Ursprünglich war es gar kein Adventsstern, sondern »der Stern von Bethlehem«, der im Hof einer Brüdergemeine als »Jubiläumslaterne« schwebte. Er besaß 110 Zacken und war innen erleuchtet.

So opulent sind die heutigen »Herrnhuter« nicht mehr. Sie werden immer noch in Handarbeit hergestellt – in einer Manufaktur – und bestehen aus 25 Zacken, die mit kleinen Montageklammern auf einem Rhombenkuboktaeder befestigt werden. (Nur für fichelante Sachsen geeignet!) 240 000 Stück werden jährlich produziert. Selbst in der DDR wurde die Produktion des »klerikalen Leuchtsignalelements« nicht eingestellt. Unverdrossen ließ der »Volkseigene Betrieb Stern« die Sterne vom Band. Den Atheisten war die ikonografische Bedeutung des Sterns schnuppe.

Natürlich waren die Herrnhuter ursprünglich nicht Missionare. Sie waren Verfolgte. Aber nicht vom heiligen Geist, sondern von der Gegenreformation. Die hatte sie aus ihrem angestammten Land, Mähren, vertrieben. In englischsprachigen Ländern heißen sie auch heute noch »Moravian Brothers«. Ihre Wurzeln gehen auf die böhmische Reformation von Jan Hus zurück. Nikolaus Ludwig Graf von Zinzendorf gab ihnen 1722 eine Heimstatt auf seinem Gut. (Übrigens ordinierte er schon Mitte des 18. Jahrhunderts Frauen!) Meine Vorfahren gehörten ebenfalls zu den Vertriebenen: Aber sie kamen von weiter her. Sie waren Salzburger Exulanten. Und sie siedelten nicht in der Oberlausitz, sondern in Ostpreußen.

Viel ist schon darüber diskutiert worden, welche Farbe der »originale« Weihnachtsstern besaß. War er weiß, gelb oder rot? Oder rot-weiß? Oder gelb-rot? Keiner war dabei, als der erste Stern gefaltet wurde. Aber nach allem, was wir heute wissen, war er gelb-rot geflammt. Mir gefällt der einfache gelbe einfach besser!

Heute ist die Herrnhuter Brüdergemeine (die alte Schreibweise von »Brüdergemeinde« dient der Abgrenzung) eine überkonfessionell-christliche Glaubensbewegung, eine ökumenisch offene Kirche. Sie zählt weltweit 825 000 Mitglieder in 19 Provinzen – vorwiegend im deutschen und englischen Sprachraum. Die größte Brüdergemeine finden wir in Tansania. Die erste Schule in den USA gründete sie schon 1742 im heutigen Stadtteil von Philadelphia, Germantown.

In Grönland kann man durchaus auf Ureinwohner treffen, die Fleischer, Chemnitz oder Kreutzmann heißen. Das sind Inuit, die von Herrnhuter Missionaren abstammen. Der regierende Ministerpräsident heißt hier Kuupik Kleist! Und die Präsidentin der weltweiten Brüderunität ist die Südafrikanerin Angelene Harriet Swart. Ein Stern in der Dunkelheit von Rassenvorurteilen!

Sollten Sie unter einem Herrnhuter Stern Weihnachten feiern wollen, so haben Sie die Qual der Wahl. Zuerst gilt es sich zu entscheiden, ob Sie einen Innenstern oder einen Außenstern mögen. Der Innenstern bietet nicht das Sterneninnere, sondern ist für drinnen. Draußen hat er nichts zu suchen. Für draußen gibt's den Außenstern. Den können Sie aber auch drinnen betreiben. Dann ist er ein innerer Außenstern.

Der Durchmesser variiert von 40 bis 130 (außen) Zentimeter. Die Farben sind mannigfaltig: gelb, weiß, rot und Varianten davon. Seit die Grünen so enorm an Stimmen gewonnen haben, gibt es auch grüne Sterne. Ob es blaue Sterne tatsächlich gibt oder ob sie nach einer ausgiebigen Weihnachtsfeier nur für mich sichtbar waren, lassen wir mal dahingestellt sein. Wenn Ihnen das alles zu kompliziert ist, kaufen Sie sich einen Minister. Der ist so klein, dass man ihn in die Tasche stecken kann. Vorsicht! Die Stacheln sind spitz. Natürlich handelt es sich nicht um einen Minister, sondern einen Mini*stern*!

Und das alles erhalten Sie im Sterneshop einer sächsischen Geschenke-, also Präsentfirma aus Ottendorf-Okrilla. Übrigens haben wir in den fünfziger Jahren des vorigen Jahrhunderts mit unserer Fußballmannschaft Motor Trachenberge-West das Team (damals hieß es noch die Truppe) von Chemie Ottendorf-Okrilla mit 8:0 vom Platz gefegt!

Und wo fand das erste internationale Fußballspiel auf deutschem Boden statt? Natürlich in einer Herrnhuter Brüdergemeine, 1887 in Neuwied. Über dem Spielfeld soll ein Herrnhuter Stern geschienen haben.

25 *Das Gewandhaus und Leipziger Musiker – eine Sinfonie*

Der einzige Konzerthausneubau der DDR steht in Leipzig: das Gewandhaus. Vielleicht haben die Sachsen das Kulturhaus noch Walter Ulbricht zu verdanken, der seinen Karl-Marx-Platz zum sozialistischen Paradeplatz machen wollte. Natürlich ohne Universitätskirche. Aber mit Gewandhaus.

Falls wir das Gewandhaus jemandem zu verdanken haben, dann aber gewiss seinem Kapellmeister Professor Kurt Masur. Der war sich nicht zu fein, von einem Gastspiel in Schweden zwei Eimer Farbe mitzubringen, die in der DDR nicht zu haben waren. Und schon war ein Engpass überbrückt und der nächste Bautermin konnte gehalten werden. Bei den Bauarbeitern war Masur beliebt und gefürchtet. Wenn er auf der Baustelle war, hieß es: »Achtung, der Alte kommt!«

Das Gewandhaus war für uns Leipziger *die* kulturelle Institution. Als Altleipziger besaß man natürlich ein Anrecht für das Große Concert, das am Donnerstag und Freitag stattfand. Die Anrechte erloschen beim Tode des Leipzigers nicht, sie wurden vererbt. Dass Kinder ihren Vater oder ihre Mutter umgebracht haben, nur um an das Anrecht zu kommen, ist ins Reich der Legende zu verweisen.

Die Generation unserer Eltern kannte noch das Zweite Gewandhaus neben der Universitätsbibliothek, das im Krieg ausbrannte, mit einem Notdach gesichert und dann sang- und klanglos 1968 abgerissen wurde. Bis 1981 spielte das Gewandhausorchester in der Kongresshalle am Zoo. Neben dem Konzertsaal befand sich die Küche des Zoorestaurants. Schon nach dem 2. Satz der ersten Sinfonie – möglicherweise Beethovens Fünfte – konnte man im Saal riechen, was sich die Bläser für die Pause bestellt hatten. Meist roch es gut. Allerdings litt der Hörgenuss, wenn man noch nicht Abendbrot gegessen hatte. Am angenehmsten roch der Gänsebraten, als die »Weihnachtsgans Auguste« aufgeführt wurde.

1968 entrollten Studenten während eines Konzerts ein Plakat. »Wir fordern den Wiederaufbau der Universitätskirche.«

Doch noch mal zurück. 1498 wurde in der Leipziger Innenstadt ein Zeughaus gebaut, in dem sich auch die Kupferwaage befand. Es stand – natürlich – im Kupfergäßchen, der heutigen Kupfergasse. Den ersten Stock nutzten die Tuch- und Wollwarenhändler als Messehaus. Und so hieß es bald Gewandhaus. 250 Jahre später gründeten sechzehn Kaufleute den Konzertverein »Großes Concert«, der aus sechzehn Musikern bestand.

Sie spielten im Gasthaus »Drey Schwanen« am Brühl. 1781 zogen sie ins Gewandhaus. Und seitdem gibt es ein Gewandhausorchester.

In dem Saal fanden fünfhundert Zuhörer Platz, später tausend. (Die Menschen waren nicht dünner geworden, sondern man hatte den Saal erweitert.) Senecas Spruch »Res severa verum gaudium« schmückte damals schon den Saal. Felix Mendelssohn Bartholdy war *der* Gewandhauskapellmeister dieses Hauses.

1884 wurde im Musikviertel ein »Neues Concerthaus« (Neues Gewandhaus) eröffnet. Der große Saal fasste 1700 Menschen. Sechs Jahre später entstand in Boston nach seinem Vorbild die »Symphony Hall«. Das Mendelssohn-Denkmal vor dem Gewandhaus wurde 1936 von den Nationalsozialisten vernichtet. Es steht heute als Duplikat in alter Pracht vor der Thomaskirche. Und ein zweites Denkmal – 1993 von dem Bildhauer Jo Jastram geschaffen – steht im Foyer des Mendelssohn-Saales im Gewandhaus.

1944 bis 1945 spielte das Gewandhausorchester im Kino Capitol, dann zog es in die Kongresshalle. 1977 wurde der Grundstein zum Neuen Gewandhaus gelegt. In vier Jahren wuchs ein eigenwilliges Gebäude heran, das äußerlich etwas Brutal-Martialisches hatte. Daher nannten es manche Leipziger liebevoll »unser T-34« (sowjetischer Panzer).

Im Foyer befindet sich das größte Deckengemälde Europas von Sighard Gille. Und hinter den Paneelen des Foyers ist ein unvollendet gebliebener Wandfries des Leipziger Malers Wolfgang Peuker versteckt. Er soll wohl den Genossen der SED nicht so recht gefallen haben. Fehlender Optimismus …

Der Große Saal mit 1900 Plätzen besitzt eine hervorragende Akustik. Das haben Tausende Soldaten der Nationalen Volksarmee getestet, die während des Baus mehrmals als Testhörer den Saal füllen mussten. Alle waren sich einig, dass die Schuke-Orgel mit ihren 6 638 Pfeifen weit weniger bedrohlich klingt als eine »Stalinorgel« (mobiler sowjetischer Raketenwerfer).

Der traditionelle Leitspruch »Res severa verum gaudium« schmückt die Orgelempore. Wer das Gewandhaus durch den Bühneneingang betritt, weiß, dass der Spruch hinter den Kulissen ebenfalls auftaucht. Im Treppenaufgang zu den Musiker- und Sängergarderoben steht »Res severa« (»eine ernste Sache«) und vor dem Betriebsrestaurant findet man »verum gaudium« (»wahre Freude«). Zwei Bauarbeiter kurz vor der Eröffnung des Gewandhauses: »Du, was heeßtdn das?« – »Is dor ganz glahr – Gandiene!«

Das Eröffnungskonzert – »mit Erich Honecker an der Spitze« – dirigierte am 8. Oktober 1981 der Gewandhauskapellmeister Kurt Masur. Es erklangen Siegfried Thieles »Gesänge an die Sonne« und die Neunte von Ludwig van Beethoven. Der Genosse Generalsekretär sollte beim Ausstieg aus dem Staats-Volvo vom FDJ-Sekretär der Stadt und von einem FDJ-Mädchen des Gewandhauses begrüßt werden. Allerdings hatte die junge Frau nur einen Passierschein für den Sicherungsring I. Die Genossen der Staatssicherheit waren freundlich und korrekt: Sie verweigerten ihr den Zugang zum Sicherungsring II (»Erich Heiligstes«). So dass außerplanmäßig die Chefin des Künstlerischen Betriebsbüros des Gewandhauses den hohen Gast begrüßen durfte. Sie war erstaunt, wie klein der Genosse Staatsratsvorsitzende in natura war (er durfte wahrscheinlich nur schräg von unten fotografiert werden) und drückte ihm kräftig die Hand. Zu kräftig. Am Abend bei der Begrüßung durch den Gewandhauskapellmeister Professor Kurt Masur streckte Honecker diesem beide Hände entgegen. Auf dass sich der Druck halbiere.

Das Gewandhausorchester brachte im 19. und 20. Jahrhundert bedeutende Werke zur Uraufführung: 1811 Beethovens

»Klavierkonzert Nr. 5«, 1839 Franz Schuberts »Große Sinfonie in C-Dur«, 1841 Robert Schumanns »Frühlingssinfonie«, 1842 Mendelssohns »Schottische Sinfonie«, 1862 Wagners »Vorspiel« zu *Die Meistersinger von Nürnberg*. Auch Johannes Brahms konnte hier 1869 sein *Deutsches Requiem* uraufführen.

Das Gewandhausorchester hatte übrigens von jeher drei Spielstätten: den Konzertsaal, das Theater und die Kirche. Und so ist es bis heute geblieben. Nur dass das Theater Oper heißt.

Im Herbst 1989 fanden im Gewandhaus öffentliche Diskussionen statt, die Gewandhausgespräche, in denen Funktionäre der SED mit Bürgern über dringend nötige Reformen in der DDR stritten. Und in den neunziger Jahren kamen wieder ganz neue Töne ins Gewandhaus. Man konnte dort Jazz und Kabarett erleben. So spielten Bernd-Lutz Lange und ich mehrere Jahre mit unseren Musikern im Kleinen Saal (500 Plätze) »So sinn mir Saggsn«. Und es war immer ausverkauft.

Eine Großtat vollbrachte Gewandhauskapellmeister Arthur Nikisch. Er ließ Beethovens Neunte zu Silvester 1918 vor 2800 Leipziger Arbeitern erklingen. Da fühlte sich das wohlhabende Bürgertum auf den Schlips getreten. Das wohlhabende Bürgertum gibt es nicht mehr. Die Silvesterkonzerte sind Tradition geworden.

Wie sich der einfache Leipziger Bürger auf den Gewandhausbesuch vorbereitet, beschrieb der Kabarettist Jürgen Hart in einem Lied, gesungen auf der Messewelle:

Ich rubbe daheeme gerad eene Wand raus
Un schlebe de Schdeeene, en Butz un en Sand naus.
Da gommt meine Gleene, holt sich ä Gewand raus.
Mir geen heid ins scheene neue Gewandhaus …
Gomm, wasch dir de Fohdn un wärsche den Sand naus.
Un gämm dir de Loodn, es geht ins Gewandhaus.

Wenn man über sächsische Musiker sprechen möchte, muss man – nolens volens – über Leipziger Musiker sprechen. Über den Bach, den sogar die Leipziger Enten lieben. Über den Wagner, den Revolutionär, den die Nazis liebten. Über den Mendelssohn, ohne den Bach heute vielleicht vergessen wäre. Und natürlich über Robert Schumann und seine Clara.

Das Mendelssohn-Haus, in dem der Gewandhauskapellmeister zwölf Jahre lebte, ist heute ein Museum. Eröffnet wurde es erst 1997. Ziemlich spät, wenn man bedenkt, dass Leipzig Felix Mendelssohn Bartholdy nicht nur die Gründung des ältesten deutschen Konservatoriums verdankt, sondern auch das erste Bachdenkmal. Zu dessen Finanzierung ließ Mendelssohn 1841 zum ersten Mal seit Bachs Tod die *Matthäus-Passion* in Leipzig aufführen.

Robert und Clara Schumann mussten auf die Rückgabe ihres Hauses bis zum Jahre 2001 warten! Was lange währt, wird endlich gut. Seitdem ist das Schumann-Haus eine feste kulturelle Größe. Und Edvard Grieg, der am Leipziger Konservatorium studierte, hat im Haus des Musikverlages C. F. Peters eine Gedenkstätte erhalten. Das Geburtshaus von Richard Wagner wurde ja schon Ende des 19. Jahrhunderts abgerissen.

Aber auch weniger bekannte Häuser der Stadt Leipzig sollte man erwähnen: etwa das noch immer nicht sanierte Geburtshaus von Hanns Eisler, dem Komponisten der DDR-Nationalhymne, der dennoch von den Mächtigen wenig geliebt wurde und der für das Gewandhausorchester eine Sinfonie schreiben wollte, was sein Tod 1962 verhinderte.

Der Name des Gewandhausorchesters stammt von seiner ersten Wirkungsstätte, dem ausgebauten Dachboden des Gewandhauses, wo seit dem 15. Jahrhundert die Woll- und Tuchhändler ihren Handelsplatz hatten. Schon 1743 spielte dort das erste bürgerliche Konzertorchester der Welt. Dann ließ die

Stadt für das Orchester einen Konzertsaal einbauen, der 1781 eingeweiht wurde. Hundert Jahre war der Saal das Zentrum des Leipziger Konzertlebens. 1789 gab Mozart hier sein einziges Leipziger Gastspiel. Clara Wieck spielte im Gewandhaus zum ersten Mal in der Öffentlichkeit. Hier gab es auch berühmte Uraufführungen – von Mendelssohns »Schottischer Sinfonie« bis zum Violinkonzert von Brahms.

1884 wurde das Zweite (Alte) Gewandhaus eröffnet. Es brannte 1944 bei einem Bombenangriff aus. Obwohl es mit einem Notdach gesichert und der Wiederaufbau geplant war, wurde es 1968 abgerissen – im gleichen Jahr wie die Universitätskirche. Auf Initiative des Gewandhauskapellmeisters Kurt Masur wurde 1981 schließlich der einzige Neubau eines Konzerthauses in der DDR eröffnet: das Neue Gewandhaus. Seit 1781 gilt der Leitspruch, der noch heute über der Orgel prangt: »Res severa verum gaudium« (»Eine ernste Sache ist eine wahre Freude«). Oder wie es Friedrich Nietzsche sah: Ohne Musik ist das Leben ein Irrtum.

Arthur Nikisch, der 1878 als Chordirektor an das Leipziger Stadttheater kam, begründete die Tradition der Leipziger Silvesterkonzerte, der »Silvester-Neunten«. Er hatte sich als Gewandhauskapellmeister bereit erklärt, unentgeltlich Konzerte für das Arbeiter-Bildungsinstitut zu leiten. Darunter Beethovens 9. Sinfonie im Rahmen einer »Friedens- und Freiheitsfeier« in der Silvesternacht von 1918.

1911 war Barnet Licht – geboren in Wilna und aufgewachsen in New York – Leiter der Musikabteilung des Arbeiter-Bildungsinstituts in Leipzig geworden. Zuvor hatte er schon Arbeiterchöre geleitet. Er bemühte sich vor allem um die musikalische Bildung junger Arbeiter. Gleichzeitig war er in der israelitischen Religionsgemeinde aktiv. Noch 1945 wurde er nach Theresienstadt deportiert. Er überlebte. Als Weltbürger wurde er Sachse.

Und natürlich spielte das Hotel de Saxe im Leipziger Musikleben eine besondere Rolle. In der Klostergasse 9 – heute erinnert nur noch ein in den Neubau eingefügtes Barockportal daran – fanden 1809 die ersten öffentlichen Streichquartettabende des ein Jahr zuvor gegründeten Gewandhausstreichquartetts statt. Es ist damit übrigens das älteste der Welt!

1796 wurde Mozarts *Requiem* in Leipzig erstaufgeführt. Weil seine Witwe im Hotel de Saxe übernachtet hatte! Von Chopin gab es in Leipzig keine Erstaufführung. Obwohl er 1835 im gleichen Hotel gewesen war …

Und warum haben sich Max Reger und Sergej Rachmaninow (der am Trachenberger Platz in Dresden eine Wohnung hatte) von Arnold Böcklins »Die Toteninsel« zu sinfonischen Dichtungen anregen lassen? Klar, weil sie es im Museum der bildenden Künste in Leipzig gesehen hatten! Übrigens wären Beethovens wichtigste Werke nie bekannt geworden, wenn sie der Leipziger Verlag Breitkopf und Härtel nicht herausgegeben hätte.

Schon 1693 zur Ostermesse öffnete die Leipziger Oper ihre Pforten. Sie war nach Venedig und Hamburg das dritte bürgerliche Musiktheater Europas. Telemann war entscheidend für die ersten Erfolge und gründete das »Collegium musicum«, ein weltliches Orchester, das zum Vorläufer des Gewandhausorchesters wurde.

Neben dem Gewandhausorchester und den Wirkungsstätten von Bach – der Nikolaikirche und der Thomaskirche – repräsentiert vor allem der Leipziger Thomanerchor, der vor achthundert Jahren gegründet wurde, die Musikstadt Leipzig. Meine Beziehung zum Chor ist recht persönlicher Art: Unser Sohn Dietmar sang dort von 1980 bis 1989. Das war (logischerweise) auch der letzte Zeitraum, in dem der Chor nicht nur Ziel musischer Sängerknaben, sondern auch eine Institution für Westreisen war. Deshalb gab es damals für einen Platz im Thomanerchor zehn Bewerber. Die jungen DDR-Bürger durften übrigens nicht nur in den Westen fahren. Sie kamen auch nach Italien, Spanien und nach Japan. Dafür konnte man schon ein Jahr Vorbereitungszeit und tägliche Gesangsübungen am heimischen Klavier in Kauf nehmen.

Das gleiche galt auch für die Musiker des Gewandhausorchesters, das den Thomanerchor begleitet. Wenn es sich bei den Musikern auch weniger um Knaben handelte und sich die Gesangsübungen in Grenzen halten. Und ihre Ausbeute an »Konsumgütern aus dem nichtsozialistischen Wirtschaftsgebiet« war auch wesentlich höher als die der kleinen Sänger.

Aus dem Thomanerchor sind zwei recht erfolgreiche Gruppen junger Männer hervorgegangen, die die Leipziger Szene der Unterhaltungsmusik wesentlich bereichern: »Die Prinzen«, eine deutschlandweit erfolgreiche Pop-Band, und das Ensemble »amarcord«, eine Gruppe, die sich der Vokalmusik verschrieben hat und seit mehr als zehn Jahren ein international renommiertes Festival ausrichtet.

Ein Festival besonderer Art ist das alljährlich zu Pfingsten gefeierte »Festival of Wave Gothic Music«. Drei Tage lang beherrschen schwarz gekleidete und dennoch fröhliche Menschen die Innenstadt von Leipzig. Sie wohnen in Zelten am Rand der Stadt oder im preisintensiven Fürstenhof. Sie fahren gern Taxi – auch längere Strecken. Allerdings nicht bis nach Neuseeland, woher manche von ihnen sogar kommen.

Die Leipziger Universität schließlich war seit 1409 nicht nur das Zentrum geistigen Lebens, sondern sie spielte auch eine wichtige Rolle im Musikleben der Stadt. Die Studenten waren nicht nur betrunkene Lärmbolde, sondern zum Teil begnadete Musiker. Sie spielten in den von Telemann und Bach geleiteten Collegia musica, in Kaffeehäusern, in der Oper oder in Kirchen. Schon 1656 gab es einen Universitätsmusikdirektor: Werner Fabricius. Heute ist es der multibegabte David Timm, der den Universitätschor und die Uni-Big-Band gleichermaßen genial leitet. Und zwischendurch war es auch mal Max Reger!

Die Universität spielte im Leipziger Musikleben immer eine bedeutende Rolle. Mit dem Paulinum entsteht nun ein würdiges Gebäude, das gleichermaßen an die Universitätskirche erinnern wird und die Aula der Leipziger Universität beherbergt.

26 *Der Sachse im Ausland – hebräisch sächselnd*

»Doch kommt der Sachse nach Berlin, dort könn'se ihn nich leiden. Da woll'n sen eene drüberziehen, da woll'n se mit ihm streiten.« Solche Gefahren sah Jürgen Hart schon beim Überschreiten der sächsisch-preußischen Grenze. Aber je weiter der Sachse »wegmacht«, desto mehr wird er akzeptiert.

Gert Fröbe, der kräftig sächselnde Schauspieler aus Zwickau, machte eine Hollywoodkarriere. Hans Reimann, neben Lene Voigt der bedeutendste Dichter sächsischer Zunge, »machte nach drühm« (Ende der zwanziger Jahre!) und starb in Hamburg. Der amerikanische Milliardär John Kluge stammte aus Chemnitz.

Wenn der Sachse so richtig weit »wegmachte«, da hatte er immer vor, Außerordentliches zu erreichen. Er durchquerte unbekannte Kontinente, wurde Bürgermeister von Los Angeles oder Professor auf Samoa. Und wenn er zu Hause als König keine allzu stattliche Figur abgab, so glänzte er auf internationalem Parkett umso heller. Was aber die Römer nicht davon abhielt, die tapferen Sachsen mit Piraten gleichzusetzen, gegen die man einen Litus Saxonicum errichten musste – eine Kette von Militärlagern und Flottenstützpunkten an der Kanalküste zwischen Gallien und Britannien.

Wie würden die Briten heute ihre Grafschaften im Süden der Insel nennen, wenn nicht vor 1500 Jahren die Sachsen gekommen wären?

Dabei war der Sachse stets hilfsbereit: Er verteidigte die Briten gegen die schottischen Pikten, unterstützte die Franken gegen die Thüringer, zog mit den Langobarden nach Italien.

Die Sachsen gelangten bis nach Bayeux in der Normandie. Vielleicht waren sie es, die den berühmten Teppich bestickten und dabei 500 Jahre in die Zukunft blickten … (Mensch, das reimt sich ja!)

Zumindest war der Herzog der Basken ein Sachse, vielleicht sogar der älteste historisch belegte. Das war im siebten Jahrhundert. Er hieß Aighyna oder Aichina. Und er trug als erster die verwegene Mütze, mit der später auch Picasso Karriere machte. Die Freiheitsliebe der Basken geht also auf einen Sachsen zurück …

Apropos Freiheitsliebe: Als Karl der Große anfängt, die Sachsen zu missionieren, reagieren diese sauer: Die Sachsenkriege dauern 33 Jahre!

Der erste deutsche König ist Herzog von Sachsen! Und sein Sohn wird der erste deutsche Kaiser. Mehr als hundert Jahre regieren sächsische Könige und Kaiser (schlauerweise getarnt als »Ottonen«!) in deutschen Landen. Sie bestimmen Politik und Kultur. Als Ausländer!

Danach wanderten viele Sachsen nach Siebenbürgen aus und bauten dort erstaunliche Kirchenburgen, die man heute noch besichtigen kann. Die meisten Sachsen hingegen kann man nicht mehr in Siebenbürgen besichtigen. Sie wohnen jetzt in Paderborn, Essen oder Ottendorf-Okrilla.

Ein Sachse, den ich in Los Angeles kennenlernte, war der 2012 mit über neunzig Jahren verstorbene Henry Bamberger. Seinem Onkel gehörte das Leipziger Kaufhaus Bamberger und Hertz am Augustusplatz. In der unsäglichen Pogromnacht 1938 wurde es angezündet, der Besitzer später im KZ ermordet. Henry Bamberger war damals in einem Internat in der Schweiz. Ihm gelang die Flucht über Portugal in die Vereinigten Staaten. Er studierte dort und wurde Steuerberater. Als wir uns in LA trafen – mein Kollege Bernd-Lutz Lange hatte über Henry Bamberger geschrieben –, gehörten Dustin Hoffman und Walter Matthau zu seinen Klienten.

Einen Sachsen, der Hebräisch mit unüberhörbar sächsischem Akzent sprach, durfte ich in Israel treffen. Alfred Glaser gelang eine abenteuerliche Flucht aus dem faschistischen Deutschland. Aber im Herzen blieb er Leipziger.

Friedrich List war zwar kein gebürtiger Sachse, hatte sich aber mit einer eigentlich nur dem Sachsen eigenen Hartnäckigkeit großen deutschen Problemen verschrieben. Vor allem in seinen fünf Jahren als Sachse. Die restlichen 52 Jahre seines Lebens verbrachte er im Ausland: in Württemberg, wo er mit 28 Jahren Minister war (ohne höhere Schulbildung und Studium!), in Hessen, wo er den ersten deutschen Unternehmerverband gründete, in Österreich-Ungarn, in den Vereinigten Staaten von Amerika, in Frankreich, in Belgien, in Bayern. Aber in keinem der Länder war er so erfolgreich wie in Sachsen. List ist immerhin der Vater des deutschen Eisenbahnwesens und hat die erste deutsche Ferneisenbahnstrecke von Leipzig nach Dresden konzipiert. Deshalb steht seine Büste auch am Seitenausgang der Westhalle des Leipziger Hauptbahnhofs. An den deutschen Eisenbahnpionier erinnerte man sich auch in der DDR. Und so schuf man in Dresden und Leipzig in stillem Gedenken an Friedrich List die Pioniereisenbahn. Es handelte sich dabei um eine Miniatureisenbahn zur Personenbeförderung mit einer kleinen Dampflok, die von »Jungen Pionieren« betrieben wurde. Nur der Lokführer war ein Erwachsener.

Leider hat sich Friedrich List am Ende seines Lebens in Tirol erschossen. Wäre er doch in Sachsen geblieben!

Ein Sachse mit einem gerüttelt Maß an Auslandserfahrungen war dagegen Carl Rudolph Bromme aus Anger bei Leipzig. In Amerika hieß er Karl Rudolf Brommy. Obwohl Sachsen nicht direkt am Meer liegt, wurde er Konteradmiral und Befehlshaber der ersten Deutschen Reichsflotte. Mit sechzehn Jahren war er schon nach Mittelamerika gesegelt. Und mit 22 war er Captain. Ein Jahr später kämpfte er als Korvettenkapitän für die Freiheit Griechenlands. Mit 27 reiste er durch Frankreich, England und Deutschland und veröffentliche in Meißen unter Pseudonym einen autobiografischen Roman.

Ein Jahr später wurde er wieder Offizier der griechischen Marine. Nach seinem Abschied baute er die deutsche Seekriegsflotte mit auf. Sein einziges Gefecht im Jahre 1849 wurde ohne Ergebnis vor Helgoland abgebrochen, 1852 wurde die Flotte versteigert. 1853 nahm Bromme seinen Abschied, heiratete und starb sieben Jahre später in Brake bei Bremerhaven. In der Breiten Straße in Leipzig, wo einst sein Geburtshaus stand, erinnert heute ein Denkmal an den ersten deutschen Admiral.

Und wer es als Sachse bis jetzt noch nicht ins Ausland geschafft hat – kein Problem: Einfach im Leipziger Hauptbahnhof in den Zug rein und in Amerika (Ortsteil von Penig) wieder aussteigen! Aber seien Sie vorsichtig. Der Zug hält nicht!

27 *Die Höflichkeit des Sachsen – unerreicht*

Höflichkeit ist quasi des Sachsen zweite Natur. Steigen Sie mal irgendwo im Sachsenland aus dem Zug und fragen Sie nach einer Straße. Nicht nur, dass ihnen sofort drei Einheimische den Weg erklären wollen – gleichzeitig und mit freundlichen Erläuterungen nicht sparend –, sie bieten sich auch sofort als Begleiter an. Während Sie vom Bahnhof zum Markt gehen, erzählen die Ihnen die eigene Lebensgeschichte sowie die naher Verwandter.

Selbst der sächsische Bauer wird sich, wenn Sie unangemeldet im Herbst sein Feld überqueren, mit der ihm eigenen Höflichkeit an Sie wenden: »Eh, vorleicht machen Sie sich oochenblicklich von mein Acker runter! Oder soll ich Sie mit der Radehacke offn Nischl dippen, dass Ihnen es Gehärne aus den Ohren spritzt?« Wenn Sie daraufhin einwenden, Sie hätten nicht gedacht, dass es für den Bauern ein Problem darstellt, wenn Sie über ein abgeerntetes Feld gehen, kann der Bauer durchaus antworten: »Na ähmd! Desderwächen saache ich es Ihnen ja ooch erscht mal im Guhden!«

Nun ist zwar nicht jeder Sachse ein Bauer, aber auch der Städter wird für seine Höflichkeit gerühmt. Oft habe ich in einer sächsischen Stadt erlebt, dass mich ein Einheimischer fragt: »Saachen Sie mal, wo ist denn hier das Rathaus?« Wenn ich es nicht wusste, wurde mir vom Einheimischen eine detaillierte Wegbeschreibung geliefert.

Höflichkeit ist wirklich eine Zier, und zwar schon immer. August der Starke hat nicht nur Sachsen regiert. Er hat sogar die polnische Königskrone übernommen. Aus Höflichkeit. Und der sächsische Herrscher Ludwig I. hat 935 die Bayern gleich mitregiert. Alles aus – na? Genau: Höflichkeit.

Aber noch einen draufgesetzt hat König Johann im Siebenjährigen Krieg. Der hat tatsächlich sein Heer über die

Grenze nach Böhmen geführt, um einer Schlacht auszuweichen und seinen Soldaten das Leben zu erhalten. So höflich war vor und nach ihm kein König. Aber auch ein »Höfling« kann höflich sein, das hat König Johann ebenfalls bewiesen. Und hat unter dem Namen Philalethes Dantes *Göttliche Komödie* ins Deutsche übersetzt. Und zwar so, dass sie heute noch gültig ist.

Der letzte sächsische König, Friedrich August III., sächselte besonders stark. Als er nach seiner Abdankung 1918 in Leipzig aus dem offenen Zugfenster schaute, riefen die Leipziger: »Hoch lebe unser guter König!« Darauf der König: »Ihr seid mir ja scheene Rebubligahner!« Ein Muster an Höflichkeit.

Natürlich sind nicht nur die sächsischen Monarchen höflich. Das trifft auch auf den Durchschnittssachsen zu. Zum Beispiel, wenn er mit dem Zug fährt. Einem Reisenden sitzt ein Mann gegenüber, der Zeitung liest.

Nach kurzer Zeit fragt der Reisende: »Schdeed denn was drinne, in dor Zeidung?«

»Selbstverständlich steht was drin!«

»So, so ... un ooch was Indrässandes?«

»Ja, nun lassen Sie mich doch mal in Ruhe lesen!«

Nach einer Weile holt der Leser eine Brille heraus.

Der Sachse: »Ach, Sie draachn wohl ne Brille?«

»Wie Sie sehen, ja.«

»Un da könn Sie wohl guhd dadormid sähn, mid där Brille?«

»Na selbstverständlich!«

»Was sähnse denn?«

»Ich sehe ein riesengroßes Rindvieh vor mir!«

»Ach nee«, sagt der Sachse freundlich, »die Gläser schbiecheln wo zerigg?«

28 Sächs. Sex – »Das Land, wo die schönen Mädchen auf den Bäumen wachsen«

In einem alten Handwerkerlied aus dem Radeberger Raum heißt es, Sachsen sei das Land, wo die schönen Mädchen auf den Bäumen wachsen. Nun kann man sich das wohl vorstellen, wenn man an kleine, runde Äpfelchen denkt. Die wachsen recht häufig in Sachsen. Aber mehr auch nicht.

Aber irgendetwas scheint es ja mit schönen Mädchen und mit Bäumen auf sich zu haben. In der nordischen Mythologie ist immer wieder die Rede davon, dass Götter Bäumen Leben einhauchen. Und diese werden dann zu wunderschönen Jungfrauen. (Manchmal auch zu jungen Männern – je nach Neigung des Gottes.) Aber es sind keine Apfelbäume, sondern Erlen und Eschen.

Dass die Sächsin ihren Namen vom Kurzschwert ihres Mannes, dem »Sax« bezog, wissen wir schon. Dass sie frühzeitig die britische Insel besiedelte, haben wir ebenfalls erfahren. Und dass der Sachse dort die Grafschaften mit seinem Namen prägte, auch. Nur enden diese ausnahmslos auf »sex«. Wieso eigentlich?

Die einfachste Erklärung ist, dass »sax«, wenn es englisch ausgesprochen wird, eben »sex« heißt. Der Index DAX heißt an der Londoner Börse ja auch DEX. (Mit dem Dachs kann man ihn nicht verwechseln, denn der heißt nicht »Dechs«, sondern »badger«.) Vielleicht war es aber auch nur die sprichwörtliche Manneskraft des Sachsen und der unendliche Liebreiz der Sächsinnen, die die englischen Grafschaften so sexy gemacht haben?

Erstaunlich ist, dass vor allem Preußen nach Besuchen in Sachsen nicht genug schwärmen können vom Liebreiz und der Holdseligkeit der Sächsinnen. Diese übertreffen die Engländerin an Wuchs und Schönheit, besitzen die Freiheit der Französin und das Feuer der Italienerin.

Allerdings muss man wohl unterscheiden zwischen Leipziger und Dresdner Sächsinnen – zumindest wenn man der Zeitschrift *Buntes Leipzig* von 1842 glauben will: »Ihr kleinen gefährlichen Leipzigerinnen … ihr könnt den Dresdnerinnen dreist in der Liebenswürdigkeit 47 Point vorgeben und ihr werdet dennoch die Parthie glanzvoll gewinnen. … In einem Auge der Leipzigerin steht geschrieben: ›Vive la liberté!‹ und in dem anderen ›Honi soit qui mal y pense!‹ (»Ein Schuft, wer Böses dabei denkt«, das Motto des englischen Hosenbandordens). In dem einen Auge der Dresdnerin lest ihr einen Küchenzettel und mit dem anderen gähnt sie.«

Zahlreiche Berichte auswärtiger Messebesucher beschreiben überwältigende Erlebnisse mit Leipziger Mädchen. Und nicht selten erleben sie etwas, das sie als »sächsischen Sex« bezeichnen: sechsmal in einer Nacht! Na ja, der Messfremde neigt zur Übertreibung.

Nicht übertrieben ist, dass Alice und Ellen Kessler – das vielleicht berühmteste Zwillingspaar der deutschen Unterhaltungsbranche – zu den schönsten Frauen der Weltzähl(t)en. Weil sie aus Sachsen stammen. Elvis Presley hätte gern eine von ihnen geheiratet, konnte sich aber nicht entscheiden, da er beide ständig verwechselte.

Sex-Appeal (Sexappell oder Sexabbel) war schon immer ein Unterscheidungsmerkmal der Sächsin. Und er wurde ein Exportschlager: Rita Thiel aus LE wurde vor fast fünfzig Jahren Mannequin in LA. Und Marlene Schmidt aus Obersachsen errang die Krone als »Miss Universe«.

Und wer schrieb die *Sexualethik des Kommunismus*? Natürlich eine Leipzigerin. Ruth Fischer, die eigentlich Elfriede Eisler hieß (die Schwester von Gerhart und Hanns Eisler.) Aber sie war nicht nur Theoretikerin. Bei einer ihrer emotional aufgeladenen Reden sprangen ihr die Brüste aus der Bluse. »Gegen nackte Tatsachen hatte ich keine Chance«, meinte daraufhin einer ihrer Gegner. Sie war unter anderem Redakteurin der Zeitschrift *Die revolutionäre Proletarierin*. Wahrscheinlich hatte sie sich an der Marianne auf den Pariser Barrikaden orientiert – wie sie auf dem Gemälde von Delacroix barbusig die Fahne schwingt.

Die schöne Sächsin kann ihre körperlichen Reize noch erhöhen beziehungsweise vertiefen, indem sie den Unterkiefer vorschiebt und die Sprache sanft rausströmen lässt. Welch melodischer Zauber liegt auf einer sächsischen Zunge! Kaum will man glauben, dass die deutsche Sprache harte Konsonanten besitzt. Die Diphthonge schmelzen im Ohr: »Ouhma.« Und selbst vokalarme Wörter schwingen noch melodisch aus: »Wrmm solschn das machen?« Dabei tun die sächsischen Mädchen alles mitmachen machen. Sie »machen naus ins Griene«, »machen heeme«, »machen Skandal«, »machen Kasse«, »machen sich de Haare«. Und wenn Sie zu langsam machen, sagen die: »Nu mache hin!«

Die Sächsin kann aber nicht nur machen, sie kann auch wirtschaften. Das wusste schon Kurt Tucholsky: »Die Sächsin wirtschaftet, dass das Bett kracht.«

Und wenn Sie es genau wissen wollen: Ich habe eine Sächsin geheiratet, meine Mutter ist Sächsin, mein Schwager hat eine Sächsin geheiratet, meine Söhne haben Sächsinnen geheiratet. Die meisten meiner Freunde haben Sächsinnen geheiratet. Und sogar meine Frau hat einen Sachsen geheiratet!

Mein Vater war Ostpreuße …

29 Trabi-Land – sächsische Rennpappe aus Zwickau

Ort der Handlung: tiefstes Bayern in den Bergen im Sommer 2011
Dialogpartner: Besitzerin eines Berggasthofes und ein sächsischer Urlauber
»I hoab do in da Scheun an tiptopen Trabi stehen. Aba original!«
»Und wozu?«
»Joa mei, der is original! Mit dem Hänger direkt aus dem Osten geholt. Original!«
»Fahren Sie den?«
»Natürlich nicht! Der steht in da Scheun.«
»Und fährt nie?«
»Noa. Dös is a Geldanlage. Da hoab i siebentausendfünfhundert Euro für zahlt.«

Es ist klar: In Zeiten der Krise flüchtet sich der Bürger in Sachwerte: Gold, Immobilien und Trabis. Dabei ist das 600-ccm-Kraftfahrzeug aus dem sächsischen Zwickau, das weitgehend mit der untergegangenen DDR identifiziert wird, natürlich keine echte Wertanlage. Der Trabant steht für den möglichen Luxus, den ein Bürger der »schönsten und größten DDR der Welt« erlangen konnte. Dafür nahm dieser in Kauf, dass von der Bestellung bis zur Auslieferung des »Arbeiter-Mercedes« schon mal zwölf Jahre vergehen konnten.

Und dass der Trabi aus 4000 Teilen bestand, die wirklich alle kaputtgehen konnten.

Und was das bedeutete, wenn es zum Beispiel die Batterie oder den Auspuff betraf. Im geringsten Falle vom Morgengrauen an in einer Warteschlange zu stehen und zu hoffen, dass das gesuchte Ersatzteil nicht zwei Personen vor dem Wartenden ausverkauft war.

In einem Kabarettprogramm musste ich spielen, dass bei meinem Trabi der Auspuff defekt war. Ich wandte mich hilfesuchend an die Zuschauer: »Hat jemand vorleischd ä Trabiauspuff für mich? Ich hätte dafür Kabarettkarten zu bieten.«

Am nächsten Morgen erhielt ich einen Anruf aus einer Trabiwerkstatt. Man hatte. Da ich damals einen »Russen-Jeep« GAZ 69, Baujahr '68 fuhr, lehnte ich dankend ab. Dafür wurde ich von Bekannten gescholten. Ich hätte den Auspuff doch mit Gewinn weiterverkaufen können! Ein Kollege meinte: »Aus dir wird nie ein Kapitalist!« Er hat recht behalten.

Am 9. November 1989 war es eine »Rennpappe«, ein Trabi, der als erster Gruß aus dem Osten in Berlin über die Bornholmer Brücke rollte. Und sowohl im ungarisch-österreichischen Grenzgebiet wie auch in Prag zierten zurückgelassene »Zwickauer Flüchtlingskoffer« im Spätsommer 1989 die Straßen.

Das »Trabi-Land« ist aber nicht nur die Heimat dieses legendären »Plaste-Bombers«. In Zwickau, Chemnitz und Plauen, aber auch in Leipzig und Dresden gab es von jeher eine blühende Fahrzeugindustrie.

In Leipzig kann man heute noch die erste deutsche Taxigarage sehen. In Zwickau wurde bis 1944 der legendäre Horch gebaut, der dem Audi-Konzern seinen Namen gab (mit dem kleinen Latinum zu erschließen).

Als Kind durfte ich ab und zu mit einem Vorkriegsmercedes mitfahren, der nach dem Krieg in Dresden zusammengeschraubt worden war. Mit einem DKWF7 (Baujahr 1936) fuhr ich 1961 in den Urlaub. Dieser Fahrzeugtyp wurde ab 1950 in Zwickau als IFAF9 gebaut und gleichzeitig als DKW F89 in Westdeutschland. Es war das letzte »gesamtdeutsche Auto«. In Hannover wiederum fuhr ich 1957 mit einem Goliath, einem dreirädrigen Vehikel mit Transportladefläche. Es stammte aus dem Jahre 1952 und wurde seinerzeit (leider nicht) in Leipzig hergestellt.

Aber ab 1957 hatte die DDR dafür ihren »Plaste-Bomber«. Erfindungsgeist der Konstrukteure war nicht die Ursache für die moderne Außenhaut des Trabis. Es war schlicht der Mangel, der bis zum Ende der DDR die wirtschaftliche Situation prägen sollte. Tiefziehblech für die Karosserie stand auf der Embargoliste, durfte vom Westen nicht an den Osten geliefert werden. Und das sowjetische Blech war untauglich. So entstand die Phenoplast-Karosse. Damals ziemlich modern.

Das war auch die Kühlung. Sie benötigte keinen Kühlergrill. Er war am Trabi ein bloßes Schmuckelement. Nicht so der Benzinhahn. Beim Umstellen auf Reserve musste man einen Hahn betätigen, der sich zwischen den Füßen der Beifahrerin befand. Wurde man im Augenblick des Umstellens überholt, so sah der Überholende eine halbe Minute lang einen Trabi, der fahrerlos dahinbrauste.

Nachdem die Produktion des Trabi 1991 eingestellt worden war, kam ein Film in die deutschen Kinos, der die Trabilegende noch einmal aufleben ließ: *Go Trabi Go – Die Sachsen kommen* mit dem Dresdner Kabarettisten Wolfgang Stumph in der Hauptrolle. Und nach dem filmischen folgte tatsächlich noch ein kurzes reales Aufleben: 444 Trabis wurden von 1994 bis 1996 als Sonderedition angeboten! Sie hatten jahrelang in der Türkei auf Halde gestanden und waren in Deutschland »aufgepeppt« worden.

Insgesamt wurden in Sachsen mehr als drei Millionen Trabis produziert. Etwa ein Prozent davon ist heute noch in Deutschland zugelassen. Einige von ihnen finden sich jährlich zum Internationalen Trabantfahrer-Treffen in Zwickau und/oder zur Trabirallye in Leipzig ein. Allerdings werden viele von ihnen in Zukunft die Hürde der Feinstaubfilterregelung nicht nehmen können …

Bereits sieben Jahre vor der Einführung des Golfs hatte man in Zwickau einen Wagen mit Fließheck entwickelt, der dem VW aus Wolfsburg sicher Konkurrenz gemacht hätte. Der Prototyp war schon 50 000 Kilometer gelaufen. Doch das Politbüro der SED stoppte den Bau ein Jahr vor der Auslieferung aus finanziellen Gründen. Bald danach kauften sich die DDR-Spitzenfunktionäre »Westautos« (Volvo und Citroën) aus einem Sonderfonds.

Der später entwickelte Trabi-Kübel, den Armee und Polizei in der DDR nutzten, passte genau auf den Postenweg hinter der Berliner Mauer! Die zivile Variante, den Tramp, konnte man damals allerdings nur in Griechenland erwerben. Nicht direkt ein Reiseziel für den Ostdeutschen …

Übrigens: Ein Panzerspähwagen auf Trabi-Basis kam glücklicherweise nicht mehr zum Einsatz. Gott sei Dank!

30 *Die Elbe – die bläddschert so friedlich …*

In Dresden, da steht ja die Elbe so still
Und die Stadt fließt so träge vorbei
Ich steh' da und seh' da die Raddampfer ziehn
Wie voriges Jahr, den Mai
Wie vorigen Mai, da wohnten wir
Diese Sommernacht unten am Fluss
In den Elbwiesen blieb uns die Puste weg
Beim Kuss zwischen Kuss und Kuss.

(…)

Das sang uns der Fluss, das war unser Lied:
Es fließt alles – alles fließt
Mein Lieb, mein Lieb, jetzt bin ich allein
Jetzt redet der dumme Fluss mir ein:
Es bleibt alles, wie es ist.

(Copyright © 1973 by Wolf Biermann)

Wenn wir als Kinder in Dresden am Elbufer standen, blickten wir in bräunliches Wasser, das mit rund drei Kilometern in der Stunde an uns vorüberfloss – oder wie Johann Sebastian Bach es ausdrückte: »Schleicht, spielende Wellen, und murmelt gelinde!« Keiner von uns wäre damals auf die Idee gekommen, dass der Name des Flusses ursprünglich »weißes Wasser« bedeutet! Und zwar sowohl in Tschechien, wo dieses Wasser »Labe« heißt, als auch in Deutschland, wo es zur »Elbe« wird. Die Grenze passiert der Fluss, wenn er genau ein Drittel seines Weges zur Nordsee zurückgelegt hat. Dann hat er sich auch hindurchgefräst durch die 600 Meter dicke Sandsteinplatte aus der Kreidezeit, auch bekannt als Elbsandsteingebirge.

Die Elbe ist ein typisch sächsischer Fluss (nicht nur, weil sie auf Isländisch »Saxelfur« heißt). Genau genommen ist sie natürlich ein Strom, da sie in keinen anderen Fluss, sondern ins Meer mündet. Dieser Strom will eigentlich nach Nordwesten, fließt aber aus der Quelle nach Südosten. Er »macht« also nicht spornstreichs aufs Ziel los, sondern nähert sich demselben mit einem dezenten »Umbogen«. (Hier habe ich auch gleich zwei typisch sächsische Wörter versteckt.)

Obwohl die Elbe sich im Riesengebirge unweit der Quelle und der polnischen Grenze eine Wand hinunterstürzt, bleibt sie fortan recht diszipliniert und lässt sich auch durch ein paar Staustufen nicht aus der Reserve locken. Sie weiß, dass sie jenseits der tschechisch-deutschen Grenze zur Bundeswasserstraße wird. Dieser hohen Verantwortung wird sie nicht nur durch das geduldige Tragen zahlloser Schubschiffe gerecht, sondern sie schafft sich auch an ihren Ufern Parks, Reservate, Habitate und Schutzgebiete für die Natur, für Pflanzen, Vögel und viele andere Tiere, etwa Fledermäuse. Dabei richtet sie sich punktgenau nach den Richtlinien der Europäischen Union.

Nur bei der Waldschlößchenbrücke in Dresden hat sie geträumt. Und nun ist der Weltkulturerbetitel futsch. Aber vielleicht kann die Elbe diese Schmach mit einem Sommerhochwasser wieder ausbügeln ...

Denn Brücken besitzt die Elbe genug. Merkwürdigerweise heißen sie ausnahmslos Elbebrücken. In Meißen gibt es eine Alte und eine Neue. Aber eine Sachsenbrücke gibt es nur in Pirna. Dafür hat Děčín (Tetschen) eine Kaiserin-Elisabeth-Brücke. Wenn die Sissi das geahnt hätte! In Děčín! Die interessanteste Brücke ist vielleicht die Elbbrücke zwischen Blasewitz und Loschwitz in Dresden, das Blaue Wunder. So genannt wegen des Anstrichs der mit Tausenden von Nieten »zusammengebastelten« Hängebrücke. Eine Brücke besonderer Art überquert die Elbe auch bei Magdeburg: Sie trägt den Mittellandkanal von Ost nach West.

Von Süd nach Nord erstrecken sich die Weinberge am Ostufer der Elbe. Sie beginnen vor Dresden und enden hinter Meißen, wo schon um 1100 Bischof Benno die ersten Rebstöcke pflanzen ließ. Wenn heute auch nur noch ein Viertel der im 18. Jahrhundert bepflanzten Fläche genutzt wird, so gilt der Meißner Wein mit seinen fünfzehn Sorten als einer der besten im hohen Norden des Weinbaus.

Der Fischreichtum der Elbe war früher enorm. Folglich gab es in Hohnstorf an der Unterelbe mal zwanzig Fischer. Heute gibt es noch einen. 1921 wurde der letzte Stör gefangen. Auch die Verschmutzung des Wassers ließ viele Fischarten verschwinden. Seit 1990 hat sich die Wasserqualität aber wesentlich verbessert. So leben heute in der Elbe 112 Fischarten. Darunter sind welche, deren Namen ich noch nie gehört habe: die Zährte, die Zope und der Nordseeschnäpel. Und nachdem 2010 an der Staustufe Geesthacht (1960 gebaut) eine neue Fischaufstiegsanlage eingeweiht wurde, wandern die Tiere wieder munter flussauf.

Im 19. Jahrhundert erkämpften sich die Dresdner Dienstmädchen übrigens das Privileg, »nicht mehr als vier Mal in der Woche Lachs essen zu müssen«. Der Elblachs galt damals als

»Arme-Leute-Essen«. So ändern sich die Zeiten. Seit 1925 gab es in der Elbe keine Lachsfischerei mehr, auch wenn 2006 nicht weit von Děčín ein Lachs von mehr als einem Meter Länge gefangen wurde. (Möglicherweise ist er am ersten Internationalen Elbebadetag, am 14. Juli 2002, ausgesetzt worden.)

Inzwischen haben auch Langstreckenschwimmer die Elbe als ihr Element entdeckt. Rund tausend Kilometer ist die Elbe beschwimmbar. Die Aktionen der Freiwasserschwimmer stehen meist unter ökologischen Aspekten. Während die tschechischen Binnenschiffer eine weitere Begradigung und Vertiefung der Elbe fordern, sprechen sich Naturschützer vehement dagegen aus. Seit dem »Jahrhunderthochwasser« von 2002 werden gerade solche bereits durchgeführten Flusslaufveränderungen für die gehäuften Hochwässer verantwortlich gemacht.

Die vielleicht bedeutendste internationale Firma, die den Namen des sächsischen Stromes trägt, fühlt sich zumindest in ihrem Produkt dem Namensgeber verpflichtet: Gundram Elbe produziert in seinem Unternehmen Gelenk*wellen*.

Und die Leipziger Mundartdichterin Lene Voigt findet an der Elbe sogar *De Säk'sche Lorelei*.

De Älwe, die bläddschert so friedlich,
Ä Fischgahn gommt aus dr Tschechei.
Drin sitzt 'ne Familche gemiedlich,
Nu sinse schon an dr Bastei.
Un ohm offn Bärche, nu gugge,
Da gämmt sich ä Freilein ihrn Zobb.
Se schtriecheldn glatt hibsch mid Schbugge,
Dann schtäcktsn als Gauz offn Gobb.

(…)

Nu fängt die da ohm uffn Fälsen
Zu sing ooch noch an ä Gubbleh.
Dr Vader im Gahn dud sich wälsen
Vor Lachen un jodelt: »Juchheh!«

»Bis schtille«, schreit ängstlich Ottilche.
Schon gibbelt ganz forchtbar dr Gahn.
Un blätzlich versinkt de Familche …
Nee, Freilein, was hamse gedahn!

31 *Die Sächsische Schweiz – fast wie die richtige*

Böse bayerische Zungen behaupten: Ihr Sachsen seid ganz schön raffiniert. Euer Elbsandsteingebirge, das zur Hälfte in Tschechien liegt, versucht ihr durch den Missbrauch des Ländernamens Schweiz aufzuwerten.

Da kann ich nur müde lächeln. Umgekehrt wird ein Schuh daraus. Der Schweizer kann sich glücklich schätzen, dass wir sein verschlafenes Ländchen ins Licht der touristischen Öffentlichkeit gezerrt haben. Außerdem besitzt die Schweiz kein Sandsteingebirge und nur einen einzigen Tafelberg, das Kistenstöckli (!). Lächerlich!

Und wem haben wir denn eigentlich die »Sächsische Schweiz« zu verdanken? Natürlich zwei Schweizern! Die Herren Adrian Zingg und Anton Graff (er wurde einer der bedeutendsten Porträtmaler seiner Zeit) erholten sich 1766 in der »Heide über Bad Schandau« von ihrer Arbeit an der Dresdner Kunstakademie. Die Gegend erinnerte sie an den Schweizer Jura. Aber das Gebirge hier war viel schöner. So wie hier sollte es eigentlich in der Schweiz auch sein. Und so nannten sie das Gebiet kurzerhand die Sächsische Schweiz.

Schon acht Jahre zuvor hatte ein Italiener, der Hofmaler von König August III., fünf Gemälde von der Festung Königstein geschaffen. Canaletto war also nicht nur in Dresden und Pirna tätig. Der Blick auf »Die Elbaue zwischen Pirna und Pillnitz« wird innerhalb seines Gesamtwerks immer wieder hervorgehoben.

Was die Zeitläufte bei uns in Sachsen aus dem Sandstein herausgefräst haben, ist einfach grandios. Neben dem Königstein, dem Lilienstein, dem Pfaffenstein, den Affensteinen, dem Rosenberg, der Kaiserkrone und dem Zirkelstein noch mehr als 1100 Klettergipfel, die allesamt schon bestiegen wurden. Seit 1864 wird organisiert geklettert. Zuerst waren es Mitglieder von Turnvereinen, die auf die Felsen »nuffdurnden«.

Der wohl spektakulärste Felsen, die Barbarine (unser »Felspenis«) wurde 1904 zum ersten Mal bestiegen und darf seit 1975 nicht mehr beklettert werden. Die Kletterregeln in der Sächsischen Schweiz sind sehr streng und wurden deshalb in die USA exportiert.

Dazu gehört das »Boofen«, das Übernachten unter einem dafür vorgesehenen Felsvorsprung – der Boofe. Als ich 1981 das Lied »Ä Schlafgrankr« sang, hatte ich allerdings noch keine Ahnung, was »Ich gennde mei Lähm gladd verboofn« eigentlich bedeutete. Dass sich »verschlafen« auf das Übernachten in luftiger Höhe unter einem Felsvorsprung beziehen könnte, hatte ich mir natürlich nicht träumen lassen.

Hans Christian Andersen, dessen Märchen die Kinder noch immer in ihren Bann ziehen, wanderte 1831 in der Sächsischen Schweiz und bestieg sogar den Lilienstein. Über den Liebethaler Grund schrieb er: »Nur vereinzelte Sonnenstrahlen fielen zwischen die Felsen, die auf diese Weise halb im Schatten und halb in einem kräftigen Licht standen. Eine merkwürdige Stille, die mich im Innersten meiner Seele ergriff, lag über dem Ganzen.« Im Gegensatz zu Richard Wagner, der dort immer mal in der Lochmühle saß, wurde Andersen an diesem Platz kein Denkmal gesetzt. Aber er schrieb dort ja auch keinen *Lohengrin*.

Und Carl Maria von Weber empfing schon 25 Jahre zuvor die ersten Takte für seine Wolfsschluchtmusik im *Freischütz* bei einer Fahrt durchs nebelverhangene Elbtal.

Ein anderer Carl, Carl Gustav Carus, Professor der Medizin und Leibarzt des sächsischen Königs, war mit Caspar David Friedrich befreundet und malte und zeichnete – wenn er nicht gerade einem neuen Erdenbürger auf die Welt verhalf – in der Sächsischen Schweiz, dass es eine Freude war. Eines seiner Gemälde schenkte er Goethe, ein anderes hängt heute im Museum der bildenden Künste in Leipzig.

Caspar David Friedrich wiederum hat mit seinem Gemälde »Felsenschlucht« das vielleicht ausdrucksstärkste Felsbild der romantischen Landschaftsdarstellung geschaffen. Es stellt das Neurathener Felsentor an der Bastei dar. Und Ludwig Richter hat vor seinem zwanzigsten Lebensjahr die bekannten »30 malerischen An- und Aussichten der sächsischen Schweiz« geschaffen.

Dennoch verliert die Sächsin – selbst beim Anblick überwältigender Naturschönheiten – niemals ihren realistischen Sinn: Familie Schulze fährt im Urlaub in die Sächsische Schweiz. Ein wunderschöner Tag. Die Sonne strahlt. Der Himmel blaut. Frau Schulze tritt aus der Tür der kleinen Pension und blickt sich um: »Nee, wäre das heide ä scheener Daach zum Wäsche offhäng!«

Dabei hat die Sächsische Schweiz weitaus mehr zu bieten als einen Haufen skurril geformter Sandsteinblöcke. Die ganz eigene Flora und Fauna bewegte die Bundesregierung im Jahre

2008 dazu, dem Gebiet den Titel »Ort der Vielfalt« zu verleihen. Und schon 1990 war der Nationalpark Sächsische Schweiz begründet worden. Das hatte »Deutschlands Grand Canyon« aber auch verdient. Denn wo sonst in Deutschland geben sich Gämsen und Gartenschläfer, Schwarzstorch und Baumläufer die Hand? Und wo sagen sich Wasseramsel und Wanderfalke gute Nacht? Wo brüllt der Ameisenlöwe auf seiner Düne und wo knabbert die Gämse Bucheckern?

Übrigens gibt es Wege in der Sächsischen Schweiz, die zwei Gebirge teilen. Links des Weges bröckelt Sandstein, rechts des Weges graut Granit. Ich habe es selbst erwandert! Links erstreckt sich das Elbsandsteingebirge hinunter zur Elbe, rechts reicht das Lausitzer Bergland bis nach Görlitz.

Wilhelm Leberecht Götzinger, zuletzt Pfarrer in Neustadt, hat als Erster umfassende Beschreibungen der Sächsischen Schweiz verfasst. Er hat sich nicht nur auf Geografie und Geologie beschränkt, sondern ausführlich über die Menschen und deren Sitten und Gebräuche geschrieben. Auch die Heimatgeschichte kam in seinen Betrachtungen nicht zu kurz. Er durchforstete aber nicht nur Archive, sondern auch Wälder und Felder. Zwischen 1786 und 1812 veröffentlichte er seine Reisebeschreibungen, die ihn zum »Entdecker« der Sächsischen Schweiz machten. Er ist sozusagen der Turnvater Jahn des Tourismus in dieser Region.

Der einzige Nobelpreisträger, dessen Werk mit der Sächsischen Schweiz verbunden ist, heißt Karl Adolph Gjellerup. Der Däne hat 1917 den Nobelpreis für Literatur erhalten. Sein Roman *Minna* spielt in der Nähe von Rathen. Die sächsische Redewendung »jemanden zur Minna machen« soll aber nicht auf den Roman zurückgehen.

Um noch einmal auf den Vorwurf des Bayern zurückzukommen. Wir Sachsen sind beileibe nicht die einzigen, die die Schweiz durch Integration in ein existierendes geografisches

Topos ehrten. 191-mal finden wir weltweit eine Schweiz, davon 67-mal in Deutschland. In unserem Land reichen die Schweizen von Amshausen in Westfalen bis Wolkenstein im Erzgebirge. Und die Kleine Schweiz liegt westlich von Ebersbach an der Fils. Wir haben nur eine kleine (Kommentar Theodor Fontanes: »Die Schweizen werden jetzt immer kleiner.«), in Frankreich dagegen gibt es fünf. Auch Großbritannien hat drei kleine Schweizen. Die nördlichste Schweiz liegt in Grönland, die südlichste in Südafrika. Und die »weitwegeste« in Neuseeland.

Uff! Jetzt steht mir aber der Schweiz auf der Stirn! Vielleicht sollte ich mal Urlaub machen. Also Abschied von der Sächsischen Schweiz:

Lebt wohl, o Kuhschtall un ihr Schrammelsteene,
Adjeh, adjeh, du herrliche Bastei!
Zur Großschtadt lenk' ich wieder meine Beene,
Un mit dr Waldluft isses nu vorbei.

Wie dr Gebärchsbach drin im Bolenzdale,
So bläddschern meine Dränen ins Gubeh,*
wenn ich dran denke, wie zum letzten Male
Ich gestern sälich laatschte nuff zur Heh'.

De Elbe floß so frehlich dorch ihr Bätte,
Un uffn Dambfer machtense Musik …
Wenn nich mei Bordmonäh de Schwindsucht hätte,
Ich fiehr' dadsächlich noch ämal zurick.

(Lene Voigt, 1927)

* Coupé, Abteil

32 *Der sächsische Witz – kommt um die Ecke und vernichtet nicht*

Kennen Sie den Unterschied zwischen Othello und einem Teekessel? Nein? Beim Deegessel, da siedet der Dee. Un bei Oudellouh, da deedet der sie!

Ist die sächsische Sprache nicht phantastisch? Sie findet eine Pointe, wo realiter gar keine ist! Und der Witz ist ja, dass Teekessel und Othello als gleichberechtigt behandelt werden. Was im täglichen Leben äußerst selten ist.

»Entschuldigen Sie, wohnt hier im Haus vielleicht ein gewisser Vogel?«

»Ja. In dor zweedn Edahsche. Rabe heeßdr.«

Das ist ja ein ganz raffinierter. Fängt absolut harmlos an. Und dann eröffnet er die philosophische Dimension von Haben und Sein. Der Herr im zweiten Stock hat nicht den Namen Vogel, er ist ein Vogel und hat den Namen Rabe. Der Witz entfaltet sich durch die Verwechslung von Art und Individuum.

Eine Dame und ein Herr im Zugabteil. Nach einer Weile holt der Herr eine Zigarrenschachtel heraus und fragt:

»Häddn Sie vorleichd was dergeechn, wennsch mor ma eene anbrenne?«

»Fühlen Sie sich wie zu Hause.«

»Na guhd, dann ähm nich!«

Hier handelt es sich um ein einfaches Missverständnis. Während die Dame sich das Zuhause des Herrn als gemütliches Heim vorstellt, in dem der Herr täglich seine Zigarren schmaucht, weiß der Herr genau, was ihn zu Hause erwartet, wenn er sich unterstehen sollte, eine – und nur eine – Zigarre in den heimischen vier Wänden zu genießen. Kleinbürgerlich-beschränktes Vorstellungsvermögen prallt hier auf den bitteren Erfahrungsschatz eines gebeutelten Mannes in den besten Jahren.

»Du, gestern Abend bin ich mit der 15 vom Gewandhaus nach Connewitz gefahren. Und weißt du, wer da in der Bahn neben mir stand?«

»Nee.«

»Beethoven!«

»Das gloob ich nich!«

»Das kannst du glauben! Ich hab ihn deutlich erkannt.«

»Ich gloob das nich!«

»Wieso denn nicht?«

»Die 15, die fährt gar nicht nach Connewitz!«

Das ist ein typischer Fall von Ignoranzkomik. A stellt eine Behauptung auf. B meldet Zweifel an, dass Beethoven jetzt nach Connewitz fahren möchte, und erwartet eine entsprechende Replik, die A nicht liefert. Jetzt begründet B seine Zweifel – zwar logisch, aber völlig unerwartet. Er ignoriert den Tod Beethovens und führt eine Formalie an, die falsche Nummer der Straßenbahn. Hätte die Geschichte in der richtigen Straßenbahn gespielt, wäre Beethoven vielleicht noch am Leben!

Auf hoher See. Ein Kreuzfahrtschiff gerät in Seenot. Es beginnt zu sinken. Männer fluchen, Frauen kreischen, Kinder weinen. Auf Deck hält sich ein Sachse an der Reling fest. Als ihm das Wasser bis zum Halse steht, murmelt er: »Eechentlich wolltsch mich ja verbrenn lassn …«

Ein weiterer Beweis dafür, dass der Sachse – so er seine Ruhe hat – bereit ist, unausweichliche Lebenssituationen mit stoischer Gelassenheit zu ertragen. Ja, sogar eigene Entscheidungen letztendlich unter dem Druck der Ereignisse zu modifizieren. Welche Größe!

Die hat der Berliner keineswegs. Und das ist keine Behauptung von mir! Ein Leipziger Anglist, Professor in Bern, Köln und Göttingen, hat mit seiner *Kleinen Geographie des deutschen Witzes* einen ebenso interessanten wie zutreffenden Atlas der Charaktere in deutschen Landen verfasst. Die Längen- und Breitengrade werden bestimmt durch die Humordichte des Witzes, meint Herbert Schöffler. Und den Sachsen bescheinigt er einen passiven Witz, dessen Überlegenheit sich durch die langsame Vorbereitung der Pointe mit überraschender Beschleunigung gegen Ende zeigt.

Frappierend ist die Selbstironie des Sachsen, die das letztlich Verbindliche seines Witzes ausmacht. Der Witz dient hier eher der Versöhnung als dem Angriff. Und noch als Unterlegener triumphiert der Sachse, wenn er jemanden hereingelegt hat:

Auf dem Bahnhof geht ein Mann am Zug entlang und ruft: »Herr Päzold, Herr Päzold!« Ein Reisender steckt den Kopf zum Fenster heraus: »Ja!« Der Mann haut ihm eine rein, dass es durch die Bahnhofshalle schallt. Der Reisende lacht und zieht den Kopf zurück ins Abteil. Die Mitfahrenden empören sich und fragen, wieso er sich das denn gefallen lasse. Er entgegnet trocken: »Na, den hab ich vielleicht veräppelt. Ich heiße gar nicht Päzold!«

Ein Kurgast zu einem Einheimischen: »Sagen Sie, stimmt das, dass die Luft hier besonders gesund ist?« – »Natürlich! Die ist so gesund, dass wir neulich unseren ältesten Einwohner vergiften mussten, damit endlich der Friedhof eingeweiht werden konnte.«

Das Understatement kommt doch aus dem Sächsischen! Oder wie Herbert Schöffler es ausgedrückt hat: »Witz beweist nicht mehr als scharfen Geist, Humor ist seelischer Überschuss. Witz ist Bestätigung im Gegenwärtigen, Humor ist Verhältnis zum Ewigen. Witz schafft Helle; wird er melancholisch, so ward er schon Humor.«

Wenn der Mann nicht schon Professor gewesen wäre, man hätte ihn zum Doktor humoris causa promovieren müssen.

33 *Der Sachse auf dem Thron – wie angegossen?*

Noch ehe das erste Jahrtausend der Geschichte endet, sitzt ein Sachse auf dem Königsthron. Heinrich I., Herzog von Sachsen aus Merseburg, wird 919 zum König gewählt. 933 schlägt er die gefürchteten ungarischen Reiterheere in die Flucht. Sein Sohn Otto besteigt als der I. und als erster Sachse den Kaiserthron. Er ging auch als Otto der Große in die Geschichte ein. Und so geht es munter weiter: In den nächsten Generationen sind die Ottos Könige und Kaiser, mit der Jahrtausendwende heißen sie Heinrich, erst der II., dann der Löwe.

Dessen Sohn heißt wieder Otto, es ist schon der vierte, wird in Braunschweig geboren und wächst am englischen Hof bei seinem Großvater, dem englischen König auf. Sein Onkel Richard Löwenherz, der den Großvater auf dem Thron abgelöst hatte, wollte Otto mit fünfzehn sogar zum Grafen von York machen. Da machten die Adligen aber nicht mit.

Mit 23 wurde Otto zum römisch-deutschen König gewählt, weil sein Bruder gerade auf einem Kreuzzug war. Leider gab es da schon einen anderen König. Einen Schwaben. Doch der wurde ganz zufällig kurz vor seiner Krönung zum

Kaiser ermordet. Demonstrativ verlobte Otto sich mit dessen Tochter, ließ sich noch einmal zum König wählen und wurde ein Jahr später zum Kaiser gekrönt. Nach Jahresfrist gab es jedoch einen »Gegenkaiser«. Schlecht gelaufen für unsern Otto.

Er engagierte sich im englisch-französischen Krieg für seinen Onkel Johann Ohneland, der seinem Namen alle Ehre machte. Ottos Verbündete ließen ihn jedoch nacheinander im Stich. Seine Frau starb drei Wochen nach der Hochzeit. Er verlor fast seinen gesamten Grundbesitz. Er war deprimiert, holte sich einen Norovirus und starb.

Friedrich II. beerbte ihn. Als König von Sizilien wurde er 1212 (oder 1211, man soll da nicht zu pingelig sein) auch noch deutscher König und 1220 als Barbarossas Enkel gar Kaiser des Heiligen Römischen Reiches. Das war auch ganz in Ordnung, schließlich wurde er in Italien geboren und tat dort nach 55 Jahren als Staufer seinen letzten Schnaufer. Dass er eigentlich der Sohn eines Fleischers sei, beruht wahrscheinlich auf einer Verwechslung mit Joschka Fischer (der übrigens auch kein Fischer war). Übrigens hatte er aus vier Ehen (fast so viele wie Fischer) und ab und zu mit einer Frau nebenbei neunzehn Kinder (mehr als Fischer).

Aber Friedrich II. war ja eigentlich auch kein richtiger Sachse. Die richtigen Sachsen auf dem Thron waren dann gleich englische Könige. Sie stammten vom Sachsenherzog Heinrich dem Löwen ab und lebten in Niedersachsen. Also in Hannover. Ab 1714 folgten sie den Stuarts auf dem britischen Thron. Für 123 Jahre. Sie waren gleichzeitig Kurfürsten von Braunschweig-Lüneburg und später Könige von Hannover. Also echte Angelsachsen.

Georg I. und Georg II. waren noch in Hannover geboren und fanden sich als Könige von Großbritannien wieder. Auf die Frage, ob sie denn eigentlich Englisch sprächen, antworteten sie: »Yes, ä paar Brocken.« (Sie sollen Vorfahren von Ex-Ministerpräsident Oettinger gewesen sein!)

Queen Victoria war die letzte Königin aus dem Hause Hannover. Dann folgte – nach ihrem Mann Prinz Albert – das Haus Sachsen-Coburg und Gotha, das ihr Enkel im Ersten Weltkrieg in Haus Windsor umbenannte. Und Queen Elisabeth II. ist im Grunde genommen eine Hannoveranerin. (Das bleibt aber mal unter uns.)

Wen ich fast vergessen hätte von den Sachsen: Lothar III., Herzog von Sachsen (1106 bis 1137), Römischer König (ab 1125), König von Italien (ab 1128) und Römischer Kaiser (ab 1133). Mei liewr Mann!

Als der letzte Askanier auf dem Thron verblichen war, kam 1423 die Stunde der Wettiner. Sie gaben die Macht bis 1918 nicht wieder her. Und sie übertrugen den Namen Sachsen auf die Mark Meißen. Kaiser Karl IV. schuf Niedersachsen als nördlichen Teil dieses Landes. Nun war alles in Ordnung.

Oder wie es Karl Spazier 1819 ausdrückte: »Sich selbst genug zu seyn, ob Leiden drücken, der Sachse kann's auf seinem Thron erblicken.«

Und da gibt es Menschen, die behaupten, der Sachse tauge eigentlich nur zum Friseur. Eventuell auch noch zum Theaterdirektor.

34 *Dor Geenich – Adel verpflichtet zur Mudderschbraache*

Friedrich August III. war ein Unikat, ein Unikum – trotz Uniform. Der letzte sächsische König gilt wie kein anderer Herrscher in seinem Lande als »unser Geenich«. Es war nicht nur seine sprichwörtliche Volkstümlichkeit, sondern es waren seine Charaktereigenschaften, die auch dem Sachsen generell gern zugeordnet werden: Er war zurückhaltend-kommunikativ, hatte Humor und stellte sich manchmal »ä bissel dumm«. Das ist ganz ungewohnt bei der herrschenden Klasse. »Eher im Geechendeil«, würde der Sachse denken.

Und dabei hatte der König eigentlich nichts zu lachen. Sein Vater war der gestrenge König Georg und die Mutter eine von Portugal. Deshalb holte er sich eine Frau aus dem Osten vom Süden, Luise von Österreich-Toskana. Sie hatten schon sechs Kinder, und als das siebte unterwegs war, verließ sie ihn mit einem Französischlehrer. Parbleu!

Er ließ sich scheiden und wurde alleinerziehender Vater. Während der Elternzeit bestieg er den sächsischen Thron. Als seine Kinder älter waren – also (19)18 – dankte er ab. Ob er dabei wirklich »Machd doch eiern Drägg alleene« gesagt hat, ist historisch nicht gesichert. Er kann auch gesagt haben: »Heerd doch off midd eiern Misde!« Auf jeden Fall mussten sich die Hofarbeiter nicht mehr alle seine Vornamen merken: Johann Ludwig Karl Gustav Gregor Philipp. Und er konnte seinem Hobby frönen – dem Bergsteigen. Chef des Hauses Wettin blieb Friedrich August bis zu seinem Tode 1932.

Um die Jahrhundertwende lag Sachsen wirtschaftlich noch weit hinter Preußen. Die Energie- und Rohstoffbasis des Landes war recht schmal. Auch wenn in Sebnitz mehr als 10 000 Beschäftigte Kunstblumen herstellten, von denen viele exportiert wurden … Erst nachdem »dor Geenich« den Thron erklettert hatte, wurden im Walzstahlwerk Riesa nahtlose Rohre hergestellt. (Ein revolutionärer Akt, der nur durch die Herstellung nahtloser Damenstrümpfe dreißig Jahre später übertroffen wurde!) Und in Regis-Breitingen nahm das Mineralölwerk seine Arbeit auf.

Was die vorwiegend lutherischen Sachsen ihrem katholischen König aber besonders hoch anrechneten, war sein Widerspruch gegen die Borromäus-Enzyklika des Papstes im

Jahre 1910. Nicht verhindern konnte er allerdings den Modewechsel vom gleichen Jahr, der dazu führte, dass der Plauener Spitzen-Export nahezu zusammenbrach. Nur die Leipziger Messe entwickelte sich spitzenmäßig.

Die besondere Beziehung von unserem Geenich zu seinen Sachsen bahnte sich schon bei seiner Antrittsrede »An mein Volk« an: »Ich bringe meim Volk das greeste Verdraun entgeeschn, un es wird mei schdädes Beschdrähm sein, däs Landes und däs Volkes Wohl zu ferdern un jeden, ooch dän lädzdn meiner Underdahn, gligglich un zefriedn zu machen.« Mänsch, da grichsdefeichde Oochn! Ob die Rede auch auf Hochdeutsch vorliegt, war nicht zu eruieren.

So beliebt der König beim Volke war, so kritisch sah ihn sein Reichskanzler: Friedrich August, »dem nicht nur seine gar zu ausgesprochen sächsische Mundart, sondern auch die Unbeholfenheit seines Wesens und die läppische Art seiner Fragen und Bemerkungen einen so komischen Anstrich gaben, dass es schwer war, ihm gegenüber den Ernst zu bewahren.« Da hadde dor Ganzler ni ganz unrecht.

Dresden, Pillnitzer Straße, August in Zivil.

Ein Fleischerwagen, dem die Pferde durchgegangen sind, stürmt heran. August hält den Wagen auf. Der Fleischer bedankt sich.

»Bist wohl ooch Fleescher?«, fragt er.

»Nee«, antwortet August, »ich sähe bloß so aus!«

In Heidemühl bei Dresden.

Ausflug der königlichen Familie. Kuchen wird bestellt. Und Kaffee. Es wird serviert. August muss mal und verschwindet. Die Kinder langen eifrig zu.

Einer der Prinzen sagt: »Willst du nicht dem Vater sein Stückchen noch fressen?«

Der Erzieher: »Wie können Hoheit ›fressen‹ sagen? Wenn das Majestät gehört hätten!«

August kommt zurück, setzt sich und fragt: »Währ haddn mein Guchen gefressen?«

Eine große Brücke war dem Verkehr übergeben worden.

Der König fragt nach dem Sinn und Zweck der klotzigen Eisbrecher. Der Ingenieur erklärt es ihm.

»Und wenn nu 's Eis von der andern Seide gommd?«

1917, Besuch des Königs in einem Lazarett. Einem Soldaten war gerade das rechte Bein amputiert worden. Der König fragte ihn nach seinem Zivilistenstand. Er war Sparkassenbeamter.

»Sinn Se froh, dass Se gee Landbriefdrächer sinn!«, tröstete August.

Und selbst Tucholsky kam an diesem Monarchen nicht vorbei. Das heißt, er kam zwar vorbei, konnte denselben aber nicht überhören:

Das Königswort
Dies ergötzte hoch und niedrig:
Als der edle König Friedrich,
August weiland von ganz Sachsen,
tat zum Hals heraußer wachsen
seinem Volk, das ihn geliebt,
so es billigen Rotwein gibt –
als der König, sag ich, merkte,
wie der innre Feind sich stärkte,
blickt er über die Heiducken,
und man hört ihn leise schlucken.
Und er murmelt durch die Zähne:
»Macht euch euern Dreck alleene!«

35 »Sing, mei Sachse, sing!« – musikalische Inkarnation eines Stammes

»Wunder gibt es immer wieder«, hatte Katja Ebstein prophezeit. Dabei hatte sie sicher nicht an ein solches aus dem Osten gedacht. Die Mauer stand ja erst ein paar Jahre. Und sie würde erst mal dauern.

Bedauern konnten auch die Bewohner der Bundesrepublik ihre Brüder und Schwestern (wieder die Männer zuerst!) im Osten. Die dort ihre karg bemessene Freiheit mit abenteuerlichen Trabifahrten bis an die bulgarische Schwarzmeerküste auskosteten. Ab und zu lernte der Gymnasiallehrer aus Bochum oder der pensionierte Ministerialrat aus dem innerdeutschen Ministerium in Budapest oder Prag das eine oder andere Exemplar dieser merkwürdigen Spezies aus dem Osten kennen. Entweder spielten diese was vor (sie spielten sich jedenfalls nicht auf!) oder sie waren wirklich so unbekümmert, dass sie – nach einem kurzen Blick auf die benachbarten Tische – im Gespräch aus ihrer politischen Einstellung kein Hehl machten. Die war meist sehr kritisch gegenüber den Mächtigen in der DDR.

Aber sobald die »Bundis« ihre Abscheu über das diktatorische System der SED markig äußerten, begannen die Dresdner, Cottbuser oder Leipziger, ihre Heimat zu verteidigen. Sie fühlten sich zwar nicht als »DDR-Bürger«, wollten aber auch nicht »Der Dämliche Rest« sein. Und sie fühlten sich als Sachsen, Mecklenburger oder Thüringer. Besonders die Sachsen fühlten sich als Sachsen.

Und so geschah es, dass im Jahre 1980 zur Faschingszeit – gerade als Mike Krüger »den Nippel durch die Lasche zog« – ein Lied aus Leipzig die deutschen Charts eroberte. Es überflog die Ländergrenzen, ganz so wie es ein Lied aus den fünfziger Jahren angekündigt hatte: »Unser Lied die Ländergrenzen überfliegt: Freundschaft siegt!« Allerdings handelte es sich bei dem Hit aus dem Osten keineswegs um ein FDJ-Lied. Es war im wahrsten Sinne des Wortes ein Schlager. Und es war mehr als ein beliebiger Ohrwurm – sondern die Hymne der Sachsen! Die Aufforderung zum Singen galt einem Volksstamm, der in den meisten kriegerischen Auseinandersetzungen auf der Seite der Verlierer gewesen war. Es war ein Aufruf. Aber nicht zum Kampf. Es war der Aufruf, den Fährnissen des Lebens mit Frohsinn zu begegnen, mit Gesang! »Sing, mei Sachse, sing« wurde zum erfolgreichsten Schlager der DDR-Musikgeschichte. Und zum Exportschlager. Er provozierte unzählige Nachahmungen – pro und kontra.

Seinen überwältigenden und überraschenden Erfolg kommentierte der Autor Jürgen Hart so (oder so ähnlich): Da machst du fünfzehn Jahre Kabarett – das merkt kein Mensch. Und dann singst du ein Faschingslied – und alle toben. Jürgen Hart gehörte zu den Gründern des Leipziger Studentenkabaretts »academixer«, dessen Hauptakteur, Texter, Komponist und Organisator er war. Als das Kabarett 1979 neben der »Pfeffermühle« die zweite städtische Einrichtung dieser Art in Leipzig wurde, war er der Direktor.

Natürlich darf der Komponist des Liedes, das mehr als eine halbe Million Mal verkauft wurde, nicht unerwähnt bleiben. Arndt Bause war ein erfolgreicher Schlagerkomponist in Berlin. (Die RTL-Moderatorin Inka Bause ist seine Tochter.)

Als kurz vor der Produktion von Jürgen Harts Schallplatte *Hart auf Hart* plötzlich noch ein Titel fehlte, fragte Bause in Leipzig an, ob der Autor noch »was in der Schublade« hätte. Hart hatte. Und Bause versprach, die romantische Kaffeehausmusik des vorliegenden Titels über Nacht in einen flotten Marsch zu verwandeln. Gesagt, getan. Jürgen Hart war skeptisch, aber Arndt Bause meinte: »Das wird. Das kannste mir glauben.« Und es wurde. Und wie!

Bald schmeichelte sich der »satte Sound« des Sachsenliedes in die Ohren sämtlicher Sachsen, fast aller Thüringer und vieler Anhaltiner. Von Saßnitz bis Suhl, von Cottbus bis Heiligenstadt knödelte der Synthesizer »düdelüdelüm« – und dann ging's los. Kurz darauf dröhnte der Hit mit dem Blasorchester der Nationalen Volksarmee über alle Jahrmärkte und Sommerfeste. Jürgen Hart durfte im Westen auftreten. Er sang im Fernsehen der DDR. (Als Kabarettisten hatten wir hingegen TV-Verbot. Das betraf alle DDR-Berufskabaretts. Als wir noch Amateure waren, wurden zwei unserer Programme gesendet, später keins mehr. Ein Abteilungsleiter des Adlershofer Deutschen Fernsehfunks: »Kabarett könnt ihr in Leipzig für dreihundert Leute machen, aber nicht bei uns für drei Millionen Zuschauer.«)

Und Jürgen Hart sang bei großen Unterhaltungsshows. Sein plötzlicher Ruhm machte dem eigentlich scheuen Vogtländer zu schaffen. Wenn wir bei einem Gastspiel zusammen durch die fremde Stadt gingen, freute er sich diebisch, falls wir mal verwechselt wurden und er sich vor dem Autogrammrummel drücken konnte. Das gab sich aber bald.

Die Geschichte des Liedes grenzt zwar nicht an ein Wunder, ist aber dennoch nicht alltäglich.

Das Kabarett »academixer« bestritt zur Messe jeden Tag eine Stunde »amessements« bei Radio DDR, Sender Leipzig. Das waren satirische und historische Texte, meist auf Sächsisch. Und die *Sächsische Hitparade:* mit Schlagern wie »Der letzte Cowboy von Magdeborn«, »Ich bin der Harakiri-Mann«, »Mei Flachdach« oder eben »Sing, mei Sachse, sing«. Der singende Sachse Jürgen Hart wurde damals assistiert von der Kabarettistin Gisela Oechelhaeuser, die Musik hatte der spätere Westberliner Professor Christoph Rueger geschrieben, unser damaliger »academixer«-Pianist. Das Lied kam als Musette-Walzer daher, belegte 1978 den ersten Platz in der sächsischen Hitparade – und ward vergessen. Bis der Titel zwei Jahre später »Megahit« (gab es das damals schon?) wurde.

Natürlich versuchte Jürgen Hart im Nachgang zu seinem Erfolg bei der staatlichen Plattenfirma Amiga eine Scheibe mit rein sächsischen Hits zu landen. Schon der Titel stieß auf Ablehnung: »Hart an der Grenze« war für Amiga keine Option. Die Antwort aus Berlin lautete: »Ein Tonträger mit sächsischen Titeln wird erst erscheinen, wenn eine entsprechende Platte mit Berliner Liedern erschienen ist.«

Dazu kam es in der DDR nicht mehr. Denn schon wenige Jahre später fiel die Mauer.

36 *Sachsen und Preußen – eine äußerst schwierige Liaison*

Nach dem Studium lebten wir zwei Jahre in Berlin. Unfreiwillig. Nach Abschluss des Lehrerstudiums war ich am ersten Schultag nicht in die Schule gegangen. Den Bildungs- und Erziehungsauftrag der Erweiterten Oberschule – die Schüler sind zu sozialistischen Persönlichkeiten und zum Hass auf den Klassenfeind, die imperialistische BRD, zu erziehen – fand ich nicht besonders attraktiv. So wurde ich Lehrdienstverweigerer. Ohne Kaderakte, also ohne die Möglichkeit, mich um eine Arbeitsstelle zu bewerben. Jedenfalls in Leipzig. Aber eigentlich in der gesamten DDR. Doch auch die Maschen des engsten »sozialen Netzes« hatten Schlupflöcher. Durch die Hilfe eines Freundes konnte ich sogar bald sagen: »Ich bin ein Berliner.« Und das war gar nicht so einfach in der DDR. Ohne Wohnsitz in Berlin bekam man dort keine Arbeit. Und ohne den Nachweis einer Arbeitsstelle gab es keine Wohnungszuweisung.

Die Sachsen galten in Berlin als »die fünfte Besatzungsmacht« (Volksmund). Das spürte man im Alltag – nicht massiv, aber nachdrücklich: Meine Frau wollte mit dem kleinen Sohn an der Hand in die Post. Vor der Tür lümmelten ein paar Halbstarke herum. Auf die Frage, ob die Post geöffnet sei, antworteten sie: »Awa nich füa Sachsn!« Seitdem hat unser Sohn kein Berliner Postamt betreten. Zwei Jahre später waren wir ohnehin wieder in Sachsen.

Die Preußen brauchten hundert Jahre, um die Sachsen zu besiegen. Walter Ulbricht brauchte zehn Jahre, dann beherrschte er Preußen.

Dieter Wildt erzählt dazu in seinem unvergleichlichen *Deutschland deine Sachsen* (1965) eine kleine Geschichte: Sie handelt von einem alten Mütterchen, das fleißig in die Kirche ging und alle Kirchenlieder des so reichen protestantisch-sächsischen Liedschatzes mit kräftiger Stimme sang. Sie sang alle Strophen auswendig und trotzdem korrekt. Bei einem Lied muckte sie auf: »Wir loben, preisen, anbeten dich.« Sie sollte die »Breißen« loben? Unmöglich. Sie sang: »Wir loben Sachsen, anbeten dich.«

Und im Antiquariat in Leipzig hörte ich von Frau Otto ein Gedicht über die von den Preußen geklaute halbe Elbe:

Warum ist denn die Älwe
bei Dräsdn so gälwe?
Sie schämt sich zu Schanden,
dass se muß aus den Landen.
Denn gleich hinter Meißen,
– pfui Spinne! – liecht Breißen.

Dafür müssen sich die Preußen damit abfinden, dass ihr Spree-Athen an einem Fluss liegt, der in Sachsen entspringt! Und dass der preußische Leutnant Ferdinand von Schill, der in den Befreiungskriegen gegen Napoleon kämpfte, ein Sachse war!

Moritz von Sachsen, der zum Schutze Leipzigs die Bastei errichten ließ, die heute seinen Namen trägt und zu deren Ausbau zum Kulturzentrum neben mir auch Angela Merkel beitrug, dieser Moritz fiel im Kampf gegen die Preußen, die damals noch Brandenburger hießen. Der »letzte deutsche Fürst, der das Sterben an der Front noch selbst besorgte« (Michael Freund).

Aber nicht nur im Kampf Mann gegen Mann war der Sachse vorbildlich: 1895 hatte nur jeder fünfte Preuße ein Sparkassenbuch, aber jeder zweite Sachse!

Und im Sächsischen Gardereiterregiment zu Dresden hatte jeder Offizier ein Theaterabonnement. (»Was hamse denn gestern im Deater gegäbn?« – »Eene Mark.« – »Nee, ich meene, was de Schauspieler gegäbn ham?« – »Na die wärns wohl umsonst gehabd ham.«)

Ein ganz eigenes Konstrukt war die preußische Provinz Sachsen, die nach dem Wiener Kongress 1815 entstanden war. Schon der Name war ein Widerspruch in sich. *Preußische* Provinz Sachsen, das klingt in den Ohren eines Sachsen etwa so, wie wenn man in einer Düsseldorfer Kneipe ein Kölsch verlangt. So wurden die Bewohner der neuen Provinz »Musspreußen« genannt. Und die Leipziger können nur von Glück reden, dass sie 1815 nicht zu Preußen gemacht wurden. Die polnische Stadt Thorn (Torun) war das Zünglein an der Waage. Genauer gesagt, müssten sich die Leipziger eigentlich bei den Russen bedanken. Die haben nämlich Thorn den Preußen überlassen. Und so blieb Leipzig sächsisch. Hätten die Russen Thorn gewollt, dann wäre Leipzig preußisch geworden.

Letztendlich haben die Leipziger sich auch tatsächlich bei den Russen bedankt. Knapp hundert Jahre später. Die erste Nummer der illegalen russischen Zeitung *Iskra*, die revolutionäre Zeitung der Sozialdemokratischen Arbeiterpartei Russlands, wurde 1900 in Leipzig gedruckt. Und dadurch konnte der »Funke« nach Russland überspringen.

Und ich persönlich bin ganz besonders froh, kein Preuße sein zu müssen. Wenn ich allein an einige unserer Programmtitel denke, wie die dann heißen müssten. Wer würde sich denn so etwas ansehen wollen: »So sinn mir Breißen«. Oder: »Dr Breiße – Mänsch un Miedos«!

Übrigens hatte meine Großmutter Hedwig eine stehende Redewendung: »Ich mach das doch nicht für'n alten Fritzen.« Soll heißen: Sie wollte keine Arbeit machen, die sinnlos war oder deren Ergebnis nicht gewürdigt oder bezahlt würde. Nach 1815 mussten nämlich viele Sachsen für die Preußen arbeiten. Das heißt, ihre Arbeit kam ihnen nicht selbst zugute. Die Preußen kassierten ab. Also der alte Fritz. Es ist schon bemerkenswert, dass noch nach 150 Jahren die historische Talfahrt des Landes im sächsischen Volksmund derart präsent war wie bei meiner Großmutter. Luther hat schon gewusst, wem er aufs Maul schaut …

Zum Schluss aber auch noch etwas Positives: Es gab in der Geschichte Sachsens nicht nur martialische Kontakte zu Preußen. Seine Königliche Hoheit Prinz Dr. Albert von Sachsen, Herzog zu Sachsen, hat als Historiker die Freundschaft seines Ururgroßvaters König Johann von Sachsen mit dem Preußenkönig Friedrich Wilhelm IV. – dessen Bruder 1871 Kaiser Wilhelm I. wurde – etwas näher betrachtet. Und siehe da: Obwohl Johann mit dem Hohenzollernkönig verwandt war (Freunde kann man sich aussuchen, Verwandte sind schon da!), pflegten sie über viele Jahre freundliche, ja sogar freundschaftliche Kontakte. Nicht jeder König ist mit seinem Schwager befreundet!

Und wo sind die beiden einander nähergekommen? In Leipzig!

37 *Bayern und Sachsen – Wittelsbacher & Wettiner*

Michael Ballack, der unfein entthronte Kapitän der deutschen Fußballnationalmannschaft aus Chemnitz, war als Mittelfeldregisseur der Mannschaft von Bayern München die sichtbare Verkörperung der Zusammengehörigkeit von Bayern und Sachsen.

Heinrich der Löwe, der mächtige Welfe, war vermutlich schon mit zwölf Herzog von Sachsen. Seine Löwenstandbilder in Braunschweig und Lübeck künden von seiner Stärke, auch an den Einfallstraßen in die Stadt Leipzig erinnern solche an den einstigen Herzog. Wie schnelllebig schon das 12. Jahrhundert war, merkt man übrigens daran, dass sich selbiger Herzog von Sachsen Heinrich III. nannte, und nur vierzehn Jahre später war er als Herzog von Bayern schon Heinrich XII.

Dass ein Sachse die bayerische Landeshauptstadt gegründet hat, lässt tief blicken. München war natürlich nicht so bedeutend wie Lübeck, dem Heinrich nicht nur das Löwenmonument, sondern vor allem den stadtbeherrschenden Dom stiftete. Zuvor hatte er schon den Braunschweiger Dom gestiftet, vor dem heute noch der berühmte Löwe steht, den er vermutlich selbst in Auftrag gegeben hat, um seinen Namen und seine Stellung zu untermauern. Sein Grabmal, das dort um 1230, also 35 Jahre nach seinem Tod, errichtet wurde, zeigt ihn immer noch mit prächtigen Löwenlocken.

Und so zeigt die Briefmarke, die anlässlich seines 800. Todestages 1995 erschien, natürlich einen Löwen. Sie hätte aber auch die Brennerautobahn zeigen können, denn Heinrich hatte mit der Absicherung der Reisestrecke über den Brenner den Grundstein dazu gelegt.

Doch sein Verdienst ist weitaus größer: Er schenkte der deutschen Literatur ein Evangeliar, in dem die Eheschließung mit seiner zweiten Frau Mathilde abgebildet ist, die damals zwölf Jahre alt war. Ihr Vater, ein Namensvetter ihres Mannes, war Heinrich II. von England. Und Drahtzieher dieser ungewöhnlichen Heirat, die den Welfen mit dem englischen Thron verband, war Kaiser Friedrich mit dem roten Bart. Er hatte Heinrich den Löwen auch zum Herzog von Bayern gemacht (nachdem er vorher Österreich abgetrennt und fremdverlehnt hatte). Barbarossa war ein rechtes Schlitzohr, und deshalb muss er auch im Kyffhäuser sitzen und kann nicht weg, weil sein roter Bart durch den Tisch gewachsen ist.

Ein Kaiser durchaus verwandter Art ist Franz Beckenbauer, Fußballweltmeister und hochdotierter FIFA-Funktionär, der kurz vor dem großen Bestechungsskandal aus der Exekutive ausschied. Auf jeden Fall ist der »Kaiser« ein toller Golfspieler mit Handicap 8. Nach seinem Werbespruch »Ja, ist denn heut scho' Weihnachten?« zog er nach Oberndorf in Österreich, wo einst das erstmals in Leipzig gesungene Weihnachtslied »Stille Nacht« entstand. Es soll eines seiner Lieblingslieder sein.

Ganz ohne Zwang kommt der Bayern und der Sachsen Lieblingstrank (-trunk würde sich nicht reimen!). Was in Bayern das Hefeweizen, ist in Sachsen – zumindest in Leipzig – die Gose. Obwohl sich die Gose reimt auf Lederhose, ist jene fest in der Hand der Sachsen. Die Bayerin geizt nicht mit ihren Reizen. Das kommt vom vielen Hefeweizen. Der Busen aus dem Dirndl drängt. Darein sich's Sachsenherz ertränkt. (Seit Jahrhunderten führt der Sachse die Selbstmordstatistik an in deutschen Landen!) Auf jeden Fall mögen die Sachsen wie die Bayern obergäriges Bier und gefühlvolle Musik. Dazu gibt's in Bayern »a Brezn« und in Sachsen »änne Budderbämme« – heute manchmal ersetzt durch »ä Deener«.

Das Münchner Oktoberfest habe ich 1990 zum ersten Mal besucht – nicht ahnend, dass es ohne eine Sächsin gar nicht existieren würde. Und schon gar nicht auf ihrer Wiese. Denn

1810 heiratete der bayerische Kronprinz Ludwig die Therese von Sachsen-Hildburghausen. Wer Hildburghausen kennt, wird ihn verstehen.

Da sieht man also mal wieder: Die Bayern und die Sachsen, die sind sich eng verwachsen. Nicht umsonst hat sich der unvergleichliche Karl Valentin, dessen Mutter aus Zittau stammte, als seinen Nachfolger keinen andern vorstellen wollen als den Zwickauer Schauspieler Gert Fröbe (*Die tollkühnen Männer in ihren fliegenden Kisten*, *Goldfinger*), der unüberhörbar sächselte. Denn Valentins Wunsch war es immer gewesen, seine Texte einmal auf Sächsisch hören zu können. Das hat mir seine Tochter bestätigt!

Die letzte Erwerbung Bayerns war die Stadt Coburg im Jahre 1920. Und warum? Weil vierhundert Jahre zuvor auf der Veste Coburg der Sachse Martin Luther gesessen hat! Nun war Schluss mit lustig und Reformation.

Bayern und Sachsen wurden ganz zufällig (?) im gleichen Jahr Königreich: 1806. Bayern machte den Max und Sachsen den August – zum König. (Und der Drahtzieher war Napoleon!) Zudem waren die ersten Könige von Bayern und Sachsen verschwägert. Wittelsbacher und Wettiner – welch wonniglicher Wohlklang – haben achthundert Jahre lang in Bayern und in Sachsen regiert. Da war genug Zeit, untereinander zu heiraten und sich zu verschwägern: Unvergesslich ist die berühmte Doppelhochzeit von 1747, als die Dichterin, Komponistin und Prinzessin von Bayern, Maria Antonia Walburga, den sächsischen Erbprinzen Friedrich Christian heiratete, während ihr Bruder Max III. Joseph die wettinische Prinzessin Maria Anna Sophie ehelichte. Aber im Grunde genommen sind alle europäischen Herrscherhäuser Nachkommen der britischen Königin Victoria …

Womit wir wieder bei den Angelsachsen wären. Ob es Angelbayern gibt, weiß ich nicht.

Aber ohne Zweifel sind die beiden Freistaaten einander zugetan. Sei es der prominente Dialekt, sei es das leicht verzögerte Handeln bei Konfliktsituationen, die Bayern und die Sachsen – sie sind: siehe oben.

Nicht umsonst gibt es in München eine Sachsenstraße, eine Sachsenkamstraße und eine Sachsenspiegelstraße. Und natürlich die Dresdner Straße und die Leipziger Straße. Sogar einen Chemnitzer Platz finden wir dort. In Chemnitz wiederum gibt es die Münchner Straße, in Dresden die Münchner Straße und sogar den Münchner Platz. Nur Leipzig hält sich vornehm zurück. Dafür hat sich aber Frau Münchenberger in der Stadt niedergelassen. Na bitte!

Und sowohl in Dresden als auch in München ist die prägende Kirche der Stadt die Frauenkirche. Dass die Münchner 300 Jahre älter ist, sieht man sofort. Aber dass Kardinal Ratzinger, »unser Papst«, dort fünf Jahre lang seinen Sitz als Erzbischof hatte, sieht man nicht. Man muss es wissen. Meißen und München teilten sich auch den heiligen Benno, Bischof von Meißen und Patron Münchens. Und der Oberbayer Hans Erlwein baute in Dresden die Schule, die ich acht Jahre lang besuchte! Ich glaube nicht an Zufälle.

In beiden Städten gibt den »Canaletto-Blick«, Gemälde des italienischen Malers Bernardo Bellotto, der sich nach seinem Onkel und Lehrer Canaletto nannte. Sie zeigen »Elbflorenz« und »Isar-Athen«. Wo wir gerade am Mittelmeer sind: Während der Sohn des bayerischen Königs Ludwig I. wenigstens als Otto I. noch König von Griechenland wurde, konnte die Tochter des sächsischen Königs Friedrich August I. als Frau natürlich nicht den italienischen Thron besteigen. Dafür gab es in Meißen schon Porzellan, als die Nymphenburger noch in einer Jagdhütte damit experimentierten.

Richard Wagner stieg als sächsischer Revolutionär in Bayern zu ungeahnter Größe auf. Zum Dank dafür haben die Bayerischen Motorenwerke ihre Liebe zu Sachsen mit einer Milliardeninvestition in ihrem Leipziger Werk dokumentiert.

Ob das so weitergeht? »Schaun mer mal!«

38 *Worauf der Sachse stolz ist – das sollte er auch zeigen*

Das ist doch ganz klar: Stolz ist der Sachse auf seine Heimat, die so kluge und begabte Menschen hervorgebracht hat, und auf die ihn umgebende Natur, die hier gewachsene Architektur und die Konjunktur. Nun, das könnte der Bayer oder der Schwabe auch vermelden.

Richtig! Aber nur der Sachse besitzt den ihm allein eigenen Sachsenstolz. Es handelt sich hierbei um eine diffizile Mischung aus hartnäckiger Gefühlsduselei und ahnungsvoller Realitätserkenntnis. Sobald dem Sachsen eine reale Gefahr droht, flüchtet er sich in ein schwer durchschaubares Konglomerat von Gefühlen, die die Realität abmildern oder zudecken. So wird er sogar mit den schwierigsten Situationen des alltäglichen Alltags fertig! Andererseits ist er in der Lage, bei einem Gefühlsüberschwang die Realität, die darunter lauert, in all ihren bedrohlichen Schattierungen blitzschnell zu verifizieren und sich so elegant, wie es ihm seine Sprache gestattet, aus der misslichen Situation zu befreien.

Der Sachsenstolz wird unablässig genährt vom Entdeckerstolz, vom Familienstolz und nicht zuletzt vom Besitzerstolz sowie vom Berufsstolz.

Was den Sachsen als Entdecker betrifft, so besteht eine innigliche Verwandtschaft mit dem Erfinder (siehe Kapitel 4). Wobei der Erfinder durchaus etwas entdecken kann. Im Grunde genommen ist jede neue Erfindung auch eine Entdeckung. Der Entdecker sollte aber eher nichts erfinden. So wird der Streit darum, wer den Nordpol entdeckte, wohl ewig währen. Peary oder Cook hat ihn wirklich entdeckt. Und Cook oder Peary hat die Entdeckung nur erfunden. Im Grunde genommen ist es ja auch wurscht. Sie waren beide dort. Und jeder behauptet, der erste gewesen zu sein. Stolz darauf können sie beide sein. Wenn auch nicht sachsenstolz. Denn dazu besaßen sie nicht das entsprechende Gefühlskonglomerat. Und nicht genug Dusel. Verzeihung! Ich glaube, ich bin etwas abgeschweift.

Stolz ist der Sachse auf seinen Schrebergarten. Auch wenn Dr. Schreber schon tot war, als der erste Schreberverein von seinem Freund Dr. Hauschild 1864 in Leipzig ihm zu Ehren gegründet wurde. Und auch wenn Dr. Schreber ein ziemlich miserabler Vater war. Die Kinderspielplätze, die ihm vorschwebten, waren denn auch für fremde Kinder!

Natürlich ist der Sachse stolz auf August den Starken. (Die Sächsin übrigens auch.) Aber der hat ja sein eigenes Kapitel …

Ganz besonders stolz ist der Sachse darauf, dass es ihm ohne Blutvergießen gelang, den hochgerüsteten, allwissenden und extrem repressiven Partei- und Staatsapparat der Deutschen Demokratischen Republik zu entmachten. In den drei Monaten der »Ring-Demonstrationen« ging nicht eine Fensterscheibe zu Bruch. Kein Auto wurde umgekippt, geschweige denn angezündet.

Die Forderungen auf den Spruchbändern und Plakaten wurden postwendend von der »Arbeiter- und Bauernmacht« erfüllt: »Visafrei bis Shanghai!« In öffentlichen Diskussionsrunden mussten sich Funktionäre der Partei und Staatsdiener mit den Problemen der real existierenden Menschen auseinandersetzen. Diese »Dialoge«, die im November 1989 allerorten stattfanden, waren von der SED organisiert und sollten den Druck abbauen, unter dem sich die Partei befand. Gleichzeitig sollte der Unmut der Bevölkerung kanalisiert und kontrolliert werden. Die Partei hoffte tatsächlich, die Situation wieder in den Griff zu bekommen. Das zeigte sich sowohl bei der SED-Demonstration im Januar 1990 in Leipzig wie auch in der Tatsache, dass die Stasi noch im Februar 1990 neue Ausweise drucken ließ.

Besonderen Stolz empfindet der Sachse, wenn er an den 9. Oktober 1989 denkt. Die Staatsmacht hatte sich in Leipzig auf einen Militäreinsatz vorbereitet, auch wenn dabei sicher nicht an eine »chinesische Lösung« gedacht war. (Im Juni waren in Peking auf dem Platz des Himmlischen Friedens Studentendemonstrationen mit Panzern niedergewalzt worden.)

Polizei und Kampfgruppen hatten scharfe Munition erhalten, in den Krankenhäusern waren Notbetten und Blutkonserven bereitgestellt worden. Schüler und Studenten wurden von ihren Lehrern aufgefordert, auf keinen Fall am Abend zur Nikolaikirche oder zum Karl-Marx-Platz zu gehen und an der Demonstration teilzunehmen. Übrigens waren die Sitzplätze in der Kirche schon nach 14 Uhr von Hunderten SED-Genossen okkupiert worden.

Die »Sicherheitskräfte« hatten mit maximal 10 000 Demonstranten gerechnet. 70 000 versammelten sich zwischen Oper und Gewandhaus. Als sich der Zug in Richtung Hauptbahnhof in Bewegung setzte, war klar, dass der Plan der Partei, die Demonstranten einzukesseln, nicht funktionieren würde. Warum Polizei, Kampfgruppen und Armee sich zurückzogen und an diesem denkwürdigen Tag kein Schuss fiel, bleibt dunkel. Mindestens drei Personen behaupteten später, sie hätten dafür gesorgt, dass nicht geschossen wurde: der Chef der Leipziger Volkspolizei-Behörde, der amtierende Bezirkssekretär der SED und Egon Krenz, der im Zentralkomitee der Partei für Sicherheit verantwortlich war. Krenz hat am 9. Oktober 1989 jedoch nachweislich erst nach Ende der Demonstration in Leipzig angerufen. Und von den beiden anderen Herren existierte weder ein Befehl noch eine Weisung, die ihre Behauptungen belegt hätten.

Es grenzt tatsächlich an ein Wunder, was an jenem Abend in Leipzig geschah. Und vielleicht hatte Pfarrer Christian Führer von der Nikolaikirche ja recht. Er meinte: »Jesus ist uns vorangeschritten.«

Was auch immer passiert: Der Stolz des Sachsen zeigt sich meist unterschwellig und verhalten. Das hat Jürgen Hart so beschrieben:

Der Sachse is der Welt bekannt als braver Erdenbercher.
Und fährt er ringsum durch das Land, so macht er keenen Ärcher.
Da braucht er seine Ruhe – und ausgelatschte Schuhe.

39 Der Dresdner Christstollen – eine Legende

Ich war ein Weihnachtsstollenmuffel. Obwohl in der Stadt des Christstollens geboren und aufgewachsen, aß ich keinen Stollen. Warum, weiß ich nicht mehr. Ich wurde auch nicht gedrängt, vom begehrten Weihnachtsgebäck zu nehmen. Es gab immer einen am Tisch, der mit Vergnügen meine Scheibe verdrückte. Doch kaum nahte das Osterfest, da verspürte ich einen merkwürdigen Appetit – auf Stollen. Zu Ostern wurde bei uns der letzte der acht Weihnachtsstollen angeschnitten. Und natürlich gegessen. Nun versuchte ich nachzuholen, was ich zu Weihnachten so lässlich versäumt hatte. Und ich war erstaunt, wie schnell ein Vierpfundstollen schrumpfte und verschwand.

Dazu muss man wissen, dass in den fünfziger Jahren des vorigen Jahrhunderts das Essvermögen eines Dresdners das des heutigen Landeshauptstadtbewohners bei weitem überstieg. Bei Familienfeiern war es üblich, dass pro zehn Personen eine Abwaschschüssel Kartoffelsalat bereitgestellt wurde. Und ich kann mich nicht erinnern, dass jemals etwas übrigblieb. Umso mehr, wenn der Gegenstand der Gaumenfreude etwas Süßes war.

Denn es gab zu Weihnachten nicht nur den traditionellen Stollen, sondern auch Plätzchen. Und die durften die Kinder auch mal selbst machen. Den Teig bereitete die Mutter. Aber das Ausrollen des Teiges und das Ausstechen der Sterne, Monde, Miniweihnachtsmänner und Hasen besorgten die Kinder. Hasen zu Weihnachten? – Ja, wir haben auch Hasen, also Häslein gebacken. Das Schönste war natürlich der Zuckerguss.

Wir achteten penibel darauf, dass der Guss nicht zu dick aufgetragen wurde. Denn am Ende durften wir die Schüssel mit Zuckerguss auskratzen.

Zuckerguss beim Stollen ist natürlich total unprofessionell. Stollen und Puderzucker sind ein Paar. Wobei die Höhe des Puderzuckers einen Zentimeter nicht überschreiten sollte. Dazu gesellen sich Mehl und Hefe, Rosinen, Sultaninen oder Korinthen und etwas Zitronat oder Orangeat. Und fertig ist die Laube – also der Stollen. Moment! Butterschmalz habe ich vergessen. Nach dem Backen muss der Stollen mindestens drei Wochen kühl lagern. Bei uns hieß das: im ungeheizten Schlafzimmer auf dem Schrank. Wenn man in der Vorweihnachtszeit morgens aufwachte, sah man als erstes die Stollen auf dem Schrank. Das Gefühl der Vorfreude auf das Fest wurde nur von der Weihnachtspyramide übertroffen …

Der Stollen muss kühl (nicht aus dem Kühlschrank!) gegessen werden. Vorsicht! Stollen wird nie »geditscht«! Der Rum, in dem die Rosinen vor der Verarbeitung aufquellen, kann mit einem Schuss Amaretto verfeinert werden.

Dabei war das Schlemmergebäck ursprünglich ein mageres Backwerk aus Wasser, Hafer und Rüböl, das zum Adventsfasten gereicht wurde. Erstmalig dem Bischof Heinrich in Naumburg im Jahre 1329. Butter und Milch waren damals verboten. Doch kaum waren 162 Jahre um, da ging's. Ein »Butterbrief« des Papstes erlaubte Butter statt Öl. Nun liefen die Hirnwindungen der sächsischen Bäcker heiß. Der Hofbäcker Drasdo aus Torgau hatte dann die zündende Idee mit den Früchten. Aus dem Fastengebäck wurde ein Festgebäck vom Allerfeinsten.

In Dresden hieß der Stollen Striezel, der Weihnachtsmarkt Striezelmarkt. Ab 1560 schenkten die sächsischen Bäcker dem Kurfürsten jedes Jahr zwei Weihnachtsstollen von 150 Zentimetern Länge und 36 Pfund Gewicht. Das war für August den Starken gerade genug »zum Gaffee«. Der ließ übrigens einen Riesenstollen von 1,8 Tonnen backen, der von Kadetten mit dem Säbel in 24 000 Portionen zerteilt wurde. Die sollen länger als eine Woche gereicht haben.

Nach dem Dreißigjährigen Krieg erreichten die Dresdner Bäcker schließlich, dass nur noch eigene Stollen auf dem Striezelmarkt verkauft werden durften. Und heute ist der »Dresdner Stollen« als Marke geschützt. (Das steht sogar im Einigungsvertrag.) Natürlich werden in ganz Deutschland Stollen gebacken. Aber sie heißen nicht immer so. In Bremen heißen sie Klaben, in Erfurt Schittchen.

Der Weihnachtsstollen zerfällt – wenn er zu trocken ist und ansonsten in Mandelstollen, Butterstollen, Marzipanstollen, Mohnstollen, Nussstollen und Quarkstollen. Bei uns gab es Rosinen- und Mandelstollen. Mohnstollen galt als exotisch. Und alle anderen Arten wurden als Stollen nicht anerkannt.

Stollen entstehen in Handarbeit und unterliegen den Qualitätsbestimmungen des Stollenschutzverbandes. Das Verhältnis von Mehl zu Butter und Sultaninen beträgt 100 zu 115. Margarine ist nicht erlaubt. Ja. So ist das in Sachsen.

Champagnerstollen gibt es auch. Er ist nicht flüssig! Und dass der Stollen das gewickelte Christkind darstellen soll, ist eine Legende. Denn wo sind die Füße des Christkinds? Aber es gibt Flüsterstollen und Schreistollen, bei denen der Abstand zwischen den Rosinen dieselben zum Flüstern oder Schreien zwingt, wenn sie sich unterhalten wollen.

Manche Sachsen schneiden den Stollen erst am Heiligen Abend an. So war es bei uns auch. Früher. Also ganz früher. Ich erinnere mich, dass es als Sakrileg galt, den Stollen vor dem 24. Dezember anzuschneiden. Aber dann hieß es auf einmal, wenn zwischen dem vierten Advent und Heiligabend nicht mehr als drei Tage lagen, wurde schon am vierten Advent angeschnitten. Einige Jahre darauf galt der dritte Advent als Anschnitttag und schließlich war es der erste Advent. Aber vor diesem Datum durfte der Stollen auf keinen Fall angeschnitten werden, da sonst der Schneiderfamilie Unglück drohe. (Ich glaube, ein Leipziger Großinvestor hat mal den Stollen zu zeitig angeschnitten.)

Zum Christstollenbacken bin ich immer mitgegangen. Das war eine komplizierte Angelegenheit. Die Rahmenbedingungen waren bei allen Familien in unserem Haus gleich: Jede Familie ließ beim Bäcker Ziegenbalk fünf bis zehn Stollen backen. Zwei bis drei davon gingen »in den Westen«, woher die Backzutaten – vor allem Rosinen und Zitronat – im »Westpaket« gekommen waren. Die Zutaten wurden zum Bäcker gebracht. Dieser knetete unter Mithilfe der Frauen den Teig. Etwa zwei Stunden musste der Teig gehen. Dann wurde der Stollen – der etwas größer als ein Vierpfundbrot war – ausgerollt und mit Brotbackschaufeln in den Ofen geschoben.

Ein großes Problem war der Transport der gebackenen Stollen. Damals herrschten in Dresden vier Wochen vor Weihnachten Temperaturen von minus fünfzehn Grad Celsius. Die noch nicht ganz ausgekühlten Backwaren (die nächsten Familien drängten sich schon vor dem Backraum) wurden in Tücher und Decken eingewickelt und auf Handwagen verladen. Das war nicht ganz einfach. Ein Stollen wog etwa vier Pfund. Er durfte vor allem nicht durchbrechen. Die Stollen wurden kreuzweise geschichtet, dann ging es vorsichtig auf eisglatter Straße nach Hause.

In der Wohnung wurden die in Butterbrotpapier eingewickelten Stollen auf dem Schlafzimmerschrank gelagert. Ihn länger als bis Ostern aufzubewahren, war nicht zu empfehlen. Die Butter (es waren »echte Butterstollen«!) hätte ranzig werden können. So war es damals bei uns in Dresden. Das mag recht profan klingen. Für einen Christstollen. Natürlich kann man den Vorgang auch anders sehen: »Da liegt es, das Stollenwickelkind, von Butter betaut, mit Zucker bestreut, weiß, wie frischgefallener Schnee, schwer von Zitronat, Rosinen und Mandeln, und jedermann wird zugeben: Es scheint ein recht lebenskräftiges Kindlein zu sein! (…) Alljährlich ersteht das weiße, süße Kind und kommt zu uns als der Christstollen unser Liebling jetzt und allezeit.« (Lenelies Pause, 1940).

49 *Die Leipziger Lerche – ein Mythos*

Für mich wird die Leipziger Lerche immer verbunden sein mit einem Kulturereignis im Restaurant Stadt Kiew neben dem Markt. Dort präsentierte der Verlag Edition Leipzig im Sommer 1980 den Neudruck eines historischen Kochbuches. Der kulinarische Abend bot neben einem Menü aus dem ersten deutschen Kochbuch von 1581 improvisierte Szenen aus dem Alltag jener Zeit. Dazu hatten sich die Kabarettisten der Leipziger »academixer« traditionelle Kostüme angetan und zum Höhepunkt des Abends spielte die Capella Fidicinia auf historischen Instrumenten »Sing, mei Sachse, sing«. Ich musste als Bader meinem Kollegen Christian Becher mit einer Zange aus dem Werkzeugkasten alle Zähne ausreißen. Das war große Kunst! Und außerordentlich barock.

Der Höhepunkt fiel zusammen mit dem Servieren des Hauptgangs, einer »Gedeckten Lerchenpastete«. Als die Deckel gehoben wurden, flatterte ein Dutzend total verschreckter Feldlerchen auf die Tische und unter die Bänke. Sie sollten auch nicht von den Gästen gerupft und gegessen werden, sondern waren als Zierde Teil des historischen Gerichts.

Wir fanden das ziemlich schräg und fragten beim Küchenmeister nach, ob es denn vor 250 Jahren wirklich so lerchenverachtend zugegangen sei. Er drückte uns wortlos ein Kärtchen vom Leipziger Café Corso in die Hand. Dort konnten wir lesen, dass im Jahre 1720 allein im Oktober 404 340 Lerchen gefangen wurden. Man buk sie mit Kräutern und Eiern und verschlang sie als Festtagsschmaus. Natürlich nur die wohlhabenden Leipziger.

Die Leipziger Lerchen wurden sogar exportiert. Sie galten als besonders wohlschmeckend, weil sie sich von Feldknoblauch ernährten. Erst 150 Jahre später verbot der sächsische König das Lerchengemetzel.

Und nun kamen die Bäcker und Konditoren ins Spiel. Sie erfanden als Ersatz ein Makronentörtchen aus Mürbeteig, gefüllt mit einer Masse aus zerdrückten Mandeln und Nüssen und einem Klecks Erdbeerkonfitüre am Boden. Die zwei gekreuzten Teigstreifen obenauf stellen die Kreuzbänder dar, mit denen die gefüllten Vögel einst zugebunden waren. Die betuchten Leipziger waren es zufrieden, und heute würde niemand mehr eine Leipziger Lerche beim Fleischer kaufen wollen.

Die letzte lebende Lerche habe ich wahrscheinlich während der legendären Buchpremiere im Stadt Kiew gesehen.

Ich frage mich heute nur, warum diese Veranstaltung eigentlich in einem ukrainischen Nationalitätenrestaurant stattfand …

Post Scriptum

Natürlich hält der Bäcker oder Konditor mit Lokalstolz nicht nur Leipziger Lerchen feil. Es gibt eine Anzahl von Näschereien, die traditionell in der Messestadt zu haben sind. Vielleicht sind nicht mehr alle vorrätig, die Lene Voigt 1935 aufzuzählen wusste:

Vor a Leipzcher Bäckerladen

(…)

Da locken een de Guchen aller Sorten.
Ganz vorne liechen marzibanche Dorten.
Windbeitel, Sahnrolln lächeln wie ä Märchen.
Verdraulich zwinkern echte Leipzcher Lärchen.

De Gußzwiebäcke glänzen in dr Sonne.
Mohrngebbe funkeln – 's wärd een schwarz vor Wonne.
Fangguchen … ham drinnewendch ä Glecks von Abrigose.
De Schblitterhernchen un de Schweinsohrn winken.

… ä Geegsbärch … Schillerlocken … Grämschnittchen
… Quarkguchen … Schbeckguchen … Schtrumbsohln
… Mohnzebbchen … Gimmelbreetchen …

Nu gucke an: Was bammelt da am Fädchen?
Schaumbräzeln sins, dr Draum dr gleensten Mädchen.
Doch jetz will'ch endlich rein in Laaden loofen
Un mir zwee saftche … Abbeldaschen goofen.

Ein beliebtes Gebäck kannte Lene Voigt noch nicht: den Amerikaner. Er sieht aus wie eine kleine, unten gewölbte Diskusscheibe. Im Gegensatz zu dieser hat man kein Loch im Kopf, wenn man von einem Amerikaner getroffen wird. Er kann aber am Kopf kleben bleiben, denn oben drauf ist eine Schicht Zuckerguss. Sein typisches Aroma erhält das Gebäck durch Ammoniumhydrogencarbonat (Hirschhornsalz). Irgendwann in den fünfziger Jahren durften wir nicht mehr Amerikaner beim Bäcker verlangen. Sie hießen jetzt offiziell Ammonplätzchen. Wir machten uns als Zwölfjährige einen Spaß und sagten im Bäckerladen: »Wir hätten gern zwei Russen!« Der Bäcker antwortete verwundert: »Russen? Ham wir nicht.« Darauf wir: »Gut, dann nehm wir zwei Amerikaner!«

41 *Hans Sachs und Gunter Sachs – fast wie die Kessler-Zwillinge*

Hans Sachs ist zwar in Nürnberg geboren und gestorben. Aber eigentlich war er ein Sachse. Das zeigt schon seine frühe Biografie. Wer geht denn erst auf die Lateinschule und macht hinterher den Lehrabschluss als Schuhmacher? Und wer wandert danach fünf Jahre durch die Welt? – Das kann nur ein Sachse. Mit 26 war er Schuhmachermeister und mit 61 Vorsitzender der Zunft der Meistersinger. Er schrieb mehr als 6 000 Stücke. Viele davon knittelten. Es waren Knittelverse: »Der Hans Sachs, der war ein Schuh / macher und Poet dazu.«

Als die Reformation in Leipzig noch lange nicht eingeführt war, schrieb er sein Gedicht »Die Wittenbergisch Nachtigall«, in dem er Luthers Lehren recht volkstümlich darstellte und das ihm ersten Ruhm einbrachte. Durch seine »Reformationsdialoge« machte er sich bei der Obrigkeit unbeliebt und erhielt Schreibverbot. Die Methoden der Herrschenden haben sich eben nicht entwickelt.

Nach seinem Tod (1576) geriet er bald in Vergessenheit. Erst durch Richard Wagners *Die Meistersinger von Nürnberg*, wo Hans Sachs eine Hauptrolle spielt, wurde sein Leben und Werk wieder bekannt. Auch Goethes Gedicht *Hans Sachsens poetische Sendung* hatte schon dazu beigetragen. Und nicht zuletzt Lortzings Oper *Hans Sachs*. Der Hans-Sachs-Preis, ein Literaturpreis, wurde von der Stadt Nürnberg nur zweimal verliehen: an Fitzgerald Kusz, den Pionier der fränkischen Mundartdichtung, und an Franz Hohler, den Schweizer Erzähler und Kabarettisten.

Gunter Sachs ist zwar auf einem Schloss geboren und in der Schweiz gestorben. Aber eigentlich war auch er ein Sachse, bei seiner Abstammung muss das einfach so sein: Sein Großvater Ernst Sachs war der Erfinder des Fahrrad-Freilaufs, sein Großvater Wilhelm von Opel war der Sohn des Opelerfinders Adam Opel. Er gilt zwar als der Gentleman-Playboy, aber sein Leben war äußerst vielfältig und von tragischen Ereignissen keineswegs frei. Sein Vater beging Selbstmord, im gleichen Jahr starb seine erste Frau, sein Bruder verunglückte tödlich. Er selbst erschoss sich mit 78 Jahren.

Gunter Sachs machte eine Lehre als Feinmechaniker und Bankkaufmann, studierte Mathematik und Wirtschaft und erwarb ein Diplom als Französischdolmetscher. Er war drei Jahre mit Brigitte Bardot verheiratet und hatte eine Affäre mit der persischen Ex-Kaiserin Soraya. Na und? Dann war er 42 Jahre mit der Schwedin Mirja Larsson verheiratet.

Als er in seiner Galerie Andy Warhol ausstellte, kaufte er ein Drittel der Bilder selbst, weil niemand Warhols Werke erwerben wollte. Außerdem war er auch Fotograf – 1974 sogar Autor des offiziellen Plakats der Photokina, der wichtigsten internationalen Messe für Fotografie. Dort bekam er auch erste Preise für seine Werke. Er drehte mehrere Kurzfilme, die ausgezeichnet wurden.

Drei Jahre vor Gunter Sachs' Tod widmete ihm das Museum der bildenden Künste in Leipzig eine Ausstellung (»Gunter Sachs – die Kunst ist weiblich …«) über sein Leben und Werk. Es wurde die erfolgreichste Ausstellung in der 150-jährigen Geschichte des Museums! Gunter Sachs ist ein Sachse ehrenhalber: Dr. Sachs honoris causa.

Er gründete das Institut zur empirischen und mathematischen Untersuchung des möglichen Wahrheitsgehaltes der Astrologie in Bezug auf das Verhalten von Menschen und deren Anlagen. Wahnsinn. Und er unterstützte großzügig die Mirja-Sachs-Stiftung für Kinder in Not.

In seinen astrologischen Forschungen wies er auf bedeutsame Zusammenhänge zwischen Sonnenzeichen und Eheschließung hin. Wer zu lange in der Sonne war, neigt zur Eheschließung – oder umgekehrt? Jedenfalls stand das Buch *Die Akte Astrologie* 21 Wochen auf der *Spiegel*-Bestsellerliste. Damit war die Feststellung Günter Wallraffs »Gunter Sachs gammelt für Deutschland« ad absurdum geführt. Umso mehr, als Gunter Sachs Junioren-Europameister im Zweierbob war.

Gunter Sachs hat es nicht geschrieben, aber Hans Sachs: »Das bittersüße eheliche Leben«. Er war ja auch Meistersinger, nicht Meisterswinger. Und Showmaster im eigentlichen Sinne war Gunter Sachs, nicht der Schuhmacher Hans. Der schrieb 4 000 Meistergesänge und 1 800 Sprüche, war keineswegs ein Sprücheklopfer und hielt nichts von Meistergepränge. Von seinen tausend Schwänken und Fastnachtsspielen versprach sich Hans Sachs durchaus eine moralische Wirkung. Vielleicht Gunter Sachs mit seinen Affären und der Propagierung der freien Liebe auch. Nur die Ausrichtung war unterschiedlich. Oder wie der Mathematiker sagt: Zwei Geraden schneiden sich im Unendlichen.

Zusammenfassend kann man sagen: Der eine war ein Luther-Fan und der andere ein Luder-Fan. Oder?

42 *Das rote, das braune und das schwarze Sachsen – die Farbe macht es nicht*

In der DDR gab es für Bürger mit Beziehungen zur Partei, zu den Staatsorganen oder zum Wasser zu Weihnachten (nicht an Weihnachten!) auf dem Gabentisch auch mal einen »Dreifarbenfisch«. Das war ein Aal: grün gefangen, braun geräuchert und schwarz verkauft. Ich habe einen Aal zum ersten Mal im Alter von siebzehn Jahren in einer Räucherei an der Ostsee gesehen. (Sie merken, ich stamme aus einer Familie ohne »Vitamin B«.)

Nun ist ja Sachsen nicht direkt mit einem Aal zu vergleichen. Obwohl eine gewisse Fähigkeit sich durchzuschlängeln, dem Sachsen nicht abzusprechen ist. Auch ist das Verb »sich aalen« kein spezifisch sächsisches. Das Verb geht nämlich zurück auf einen norwegischen Philosophen: Professor Aall!

In seiner Kindheit war der Freistaat Sachsen keineswegs grün, was eigentlich zu erwarten gewesen wäre – nicht zuletzt wegen seiner Flagge. Die Rotfärbung begann ja schon vor seiner Geburt. Sachsen galt nach der Gründung der Sozialdemokratischen Arbeiterpartei Deutschlands als »rotes Königreich«. Die Arbeiterbewegung wurde in Sachsen geboren: Leipzig, Eisenach, Gotha. Sie breitete sich über ganz Deutschland aus: Hamburg, Berlin, das Ruhrgebiet. Und wo erschien das Zentralorgan der Sozialdemokraten, der *Vorwärts*? In Sachsen!

In Sachsen wurden die ersten beiden deutschen Sozialdemokraten in den Norddeutschen Reichstag gewählt: August Bebel und Rechtsanwalt Schraps (der bei der ersten Sitzung leider seinen Hut verloren hatte). 1903 fielen 22 von 23 sächsischen Wahlkreisen an die SPD. Das brachte Gustav Stresemann noch 1926 zu der Feststellung: »In Sachsen wurden Sozialdemokraten gewählt, als man sie woanders noch gar nicht kannte.«

Die erste Volksfrontregierung gab es 1923 in Sachsen: Sozialdemokraten und Kommunisten. Und 1930 gab es im sächsischen Landtag ein Ehepaar. Er war von der KPD in die SPD übergetreten. Sie war Kommunistin. Als die Partei von ihr die Scheidung verlangte, willigte sie ein. Sie schied aus der Partei. Herr Lafontaine und Frau Wagenknecht haben es geschickter gemacht …

Sachsen integrierte sich in seiner Jugend in das System des Nationalsozialismus. Der erste nationalsozialistische Minister lebte noch vor Hitlers Machtantritt im sächsischsprachigen Raum: in Thüringen. Dort gab es auch die erste NSDAP-Regierung vor 1933. Später waren die Sachsen jedoch kaum in den oberen Etagen des Regimes anzutreffen. (Ausnahme: Reinhard Heydrich, Stellvertretender Reichsprotektor in der Tschechoslowakei.) Ja, und der Gauleiter von Sachsen, Martin Mutschmann, war Sachse. Im Volksmund hieß er »König Mu«. Er war vorher Korsettfabrikant: »vom Büstenhalter zum Reichsstatthalter!« Nach seinem Machtantritt wurden alle Bücher der Leipziger Mundartdichterin Lene Voigt verboten. In den sächsischen Kabaretts, Cabarets und Varietés durften keine sächsischen Mundartkomiker mehr auftreten. So wollte der Gauleiter sich vom Verdacht des Sachsentums reinwaschen.

Merkwürdigerweise wurde diese Politik nach 1945 fortgesetzt. In den Nachkriegskabaretts durfte kein Funktionär sächseln: Man hätte die Figur als Parodie des ersten Mannes der SED verstehen können. Und Ulbricht sächselte eben unüberhörbar.

Die Röte, die jetzt das Land Sachsen überzog, war im Gegensatz zur Farbe in der Vorhitlerzeit keine selbst gewählte. Es war »Moskwa Rouge«, wie ein sowjetisches Parfüm hieß, das aufdringlich süßlich war. Staatlich verordnete »Rotlichtbestrahlung« erreichte jeden Bereich der Gesellschaft. Wandzeitungen, Zeitungsschau und Parteilehrjahr hielten die Werktätigen auf

Trab und sollten der Beeinflussung durch westliche Medien entgegenwirken. Gesellschaftliche Masseninitiativen wie »Jagt den Wattfraß!«, »Jeder Mann an jedem Ort – einmal in der Woche Sport!«, »Spare mit jedem Gramm und jeder Minute!« sollten die Volkswirtschaft in Schwung bringen. Der Volksmund konterte: »Geene Buddor, geene Sahne – un offn Mond de rohde Fahne!«

Vierzig Jahre wurde mit »Zuckerbrot und Peitsche« regiert. Die Repressionen wurden mal gelockert, mal verschärft, Ärzte und Künstler mal gegängelt, mal hofiert. Unter der roten Fahne der Arbeiterklasse wurden Privilegien verteilt und unmenschliche Urteile gefällt. Und dann waren sich plötzlich viele einig: Mit Lügen und Heuchelei kann man keine Gesellschaft verändern, auch wenn man es sich in seiner Nische mit Trabi und FDGB-Urlaub recht gemütlich gemacht hatte.

Für eine kurze Zeit glaubten die Sachsen, den »real deprimierenden Sozialismus« noch zu verändern in »unser Land«. Doch die Mehrzahl der Demonstranten auf den Leipziger Straßen waren der Meinung: »Kommt die DM bleiben wir. – Kommt sie nicht, gehen wir zu ihr.«

Und als wir noch um den Leipziger Ring gingen, um Bürgerrechte zu erstreiten, schritten die ersten Herren aus den gebrauchten Bundesländern schon ihre Claims ab. Das Wort »Immobilie« kannte ich damals nicht. Naiv und ohne Telefon, Kopierer und Fax arbeiteten wir im Neuen Forum und bereiteten uns auf die ersten freien Wahlen vor. Zeitgleich verteilten smarte Herren, die mit frisch gewaschenen Transportern den Karl-Marx-Platz umstellten, Hochglanzbroschüren, die von blühenden Landschaften kündeten.

Inzwischen glühten die Papierhäcksler in den Einrichtungen von Partei und Staatssicherheit. Wochenlang hing eine Wolke, die nach verbranntem Film roch, über dem Gebäude der Kreisverwaltung des MfS. Die Genossen waren fleißig und arbeiteten Tag und Nacht.

Die Wahlen im März 1990 waren eindeutig: Die CDU war Sieger. Und so sollte es in Sachsen bleiben. Zumindest für die nächsten zwanzig Jahre. Nach so viel Rot in seiner Geschichte schien das Land sich keineswegs angeschwärzt zu fühlen. König Kurt war wahrlich nicht die schlechteste Lösung für das mittelsächsische Industriegebiet. Und dass mit Ministerpräsident Tillich nach tausend Jahren wieder ein Sorbe die Sachsen beherrscht, ist doch kein Grund zum Schwarzsehen. Eher zum Schwarzrotsehen.

43 *Die Siebenbürger Sachsen sind Franken – vertrieben in alle Ewigkeit*

Abenteuerurlaub, wie er uns Anfang der neunziger Jahre offeriert wurde – mit Bungy-Jumping, River Rafting, Desert Running und Abseiling – brauchte ich nicht. Ich hatte meinen Abenteuerurlaub schon hinter mir: Rumänien 1975. Der ganze Urlaub war ein einziges Abenteuer: die Straßen, die Verpflegung, die Übernachtung. Die wenigen kleinen Hotels waren »okupat«, okkupiert, also ausgebucht. Privat durfte man nicht übernachten. Den Rumänen war es bei horrenden Strafen verboten, Ausländern Quartier zu geben. Das galt auch für sozialistische Bruderländerausländer.

Wir hatten schon in Leipzig von dieser Kalamität gehört und – der Sachse ist pfiffig – vorsorglich Hängematten mitgenommen. Nun weiß ich nicht, ob Sie jemals versucht haben, eine Hängematte in einem rumänischen Wald aufzuhängen … Die Wälder in Siebenbürgen sind dermaßen unpraktisch gepflanzt, dass die Bäume entweder so dicht stehen, dass man mit dem Hinterteil auf der Erde liegt, oder so weit auseinander, dass einer von uns die ganze Nacht das Ende der Hängematte hätte halten müssen. Oft gelang es uns, uns in einer überdachten Haltestelle eines Überlandbusses aufzuhängen – also unsere Hängematten. Aber da gab es Rudel streunender Hunde, die am Wege lagerten, also Wegelagerer. Eines Abends lagerte ein Förster am Wege, der uns einlud, bei ihm zu übernachten. Aber mit Sonnenaufgang müssten wir verschwinden, da die Miliz Kontrollen machte und er nicht bereit sei, ein Jahresgehalt als Strafe zu zahlen.

Im Forsthaus lud er uns zu einem einfachen Abendessen ein: Kohlsuppe mit Brot und geräuchertem Käse. Der Förster sprach gebrochen Englisch. Seine Frau schwieg eine Weile, dann fragte sie uns, ob wir schon einmal in Siebenbürgen gewesen seien. Als wir den Kopf schüttelten, erzählte sie uns von ihrer Kindheit. Ihre Eltern waren Sachsen, Siebenbürger Sachsen, deren Vorfahren vor 800 Jahren aus dem heutigen Luxemburg kamen, um den Kriegen zu entgehen, die der Graf von Luxemburg (keineswegs eine Operettenfigur!) damals führte. Da fiel mir auch ein, woran der Tonfall der Förstersfrau mich erinnerte. An das Letzebuergesch von Radio Luxemburg, das wir in der Oberschule nicht hören durften. Die Familie ihres Onkels rühmte sich, Nachfahren versprengter Kreuzritter aus Kaiser Barbarossas Heer zu sein, die sich auf dem Weg ins Heilige Land in Siebenbürgen verlaufen hatten. Sie waren hinter den Wäldern steckengeblieben, in Transsylvanien. Ja, dort, wo später Vlad III. (Der Pfähler) durch Bram Stroker als Graf Dracula zum Blutsauger wurde.

Auf jeden Fall hat der ungarische König Geiza II. die ersten Sachsen ins Land gerufen. So steht es im Großen Andreanischen Freibrief von 1224. Die damaligen Sachsen wurden als »Saxones« bezeichnet. Und das waren Ritter, die ein Schwert trugen. Da sie aber in allen folgenden Dokumenten immer wieder als »Sachsen« bezeichnet wurden, nannten sie sich am Ende selber so. Obwohl sie wahrscheinlich Franken waren. Sie zählten neben den Banater Schwaben zur größten Gruppe deutscher Einwanderer in Rumänien, das damals ungarisch war. Ihr Vaterland wurde Siebenbürgen, ihr Mutterland Deutschland. Später gehörten sie zum Osmanischen Reich und dann zur Habsburger Monarchie.

Sachsen, die in Leipzig studiert hatten, brachten die Reformation nach Siebenbürgen. Sie wurden »luthrisch« und nahmen Exulanten aus Salzburg auf, die Kaiserin Maria Theresia umsiedeln ließ. Die Siebenbürger Sachsen haben heute noch einen eigenen Bischof. Und ihre Kirchenburgen zeigen, wie sie sich vor Tataren und Türken schützten.

Dem Leipziger Anglistikprofessor Elmar Schenkel wurde 2011 der Dorfschreiberpreis von Katzendorf (Cata) in Siebenbürgen verliehen. Katzendorf liegt nordwestlich von Kronstadt und nordöstlich von Hermannsburg. Es ist ein typisches Straßendorf mit einer Kirchenburg. Von den 600 Sachsen, die einst hier wohnten, gibt es noch zwei. Es gibt noch eine deutsche Schule, aber keine Schüler. Die Kirchenburg wird von einer Deutschen betreut, die im Sommer in Katzendorf wohnt und sonst in der Bundesrepublik: eine »Sommersächsin«. Um ihre Lipizzaner kümmert sich der rumänische Rossknecht.

Elmar Schenkel berichtet über die Kirchenburg: »Der Turm ist neu, der alte war brüchig, es rieselte immer so, meinte der Glöckner, und in der Nacht, bevor sich endlich eine Kommission mit dem Problem beschäftigen wollte, stürzte er ein.«

Der bekannteste Sachse in Katzendorf ist Martin Schuller, ein Modefotograf, der hier schon für die Show mit Heidi Klum fotografierte. Sein Vater ist Filmemacher und hat mit André Heller gearbeitet, der Großvater war Pfarrer und hatte sich den Nazis verweigert. Peter Maffay, der ja aus Siebenbürgen stammt, hat in der Nähe, in Weißkirch-Radeln, durch seine Tabaluga-Stiftung ein Heim für traumatisierte Kinder eingerichtet. Der Dorfkern und die Kirchenburg des Ortes wurden 1999 in die Weltkulturerbeliste der UNESCO aufgenommen. Auch Prinz Charles engagiert sich in Siebenbürgen. Es soll nur noch wenige Orte geben, in denen er kein Haus besitzt …

Und noch einmal Professor Schenkel: »Der Weltraum ist eine Erfindung aus Siebenbürgen. Bei Hermannstadt ließ der Techniker Conrad Haas Mitte des 16. Jahrhunderts die ersten mehrstufigen Raketen hochgehen. In Schäßburg wuchs Hermann Oberth auf, der Vater der modernen Raumfahrt, der erst für die Nazis, dann für die Amerikaner arbeitete.«

Von den 300 000 Siebenbürger Sachsen, die 1930 in ihrer Heimat lebten, wohnen heute noch rund 10 000 dort. Eigentlich ist damit die Geschichte der Siebenbürger Sachsen – die eigentlich Franken waren – zu Ende.

Als ich 1975 aus Rumänien nach Leipzig zurückgekehrt war, fand ich in meinen Reiseunterlagen den Anmeldezettel eines kleinen Hotels. Ich las: »Name – Mittelgroß«, »Vorname – Braun-Keine«. Auch einen DDR-Personalausweis lesen will gelernt sein …

44 *Die Wettiner – Überlebenskünstler und Materialisten*

In der Wettiner Straße 6 bekam ich neulich eine Wohnung – angeboten. Sie war mir zu klein. Schade. Sonst hätte ich sagen können: »Ich bin ein Wettiner!« Verlängert man die Wettiner Straße mit einem Lineal, so gelangt man an Alt-Lindenau vorbei über das Diakonissen-Krankenhaus und den dazugehörigen Friedhof (wie praktisch!) nach Miltitz, wo früher eine Aromafabrik das Parfum »Moskwa Rouge« herstellte. Jetzt muss man, wenn man Leipzig verlassen hat, bald im rechten Winkel nach Norden fahren, um an der Saale hellem Strande auf das Schloss Wettin zu stoßen. Es liegt sechs Kilometer westlich der Straße, die von Halle nach Aschersleben führt. Das Schloss steht auf einem hohen Felsriff über dem Fluss und wirkt nicht unbedingt wie der Stammsitz des bedeutendsten deutschen Adelsgeschlechtes.

Immerhin ist ein Großteil der Gebäude saniert, darunter das Burggymnasium mit Spezialisierung Kunst. Das ist ja auch keine Kunst, da eine enge Verbindung zur gleichnamigen Hochschule Burg Giebichenstein in Halle existiert. Außerdem befand sich die einzige Schäferschule der DDR auf dem Burgberg. 1991 wurde sie geschlossen: Du darfst kein Schaf sein in Deutschland.

Dies ist nun der Ort, der dem berühmten Geschlecht der Wettiner den Namen gab. Sie waren Markgrafen, Kurfürsten und Könige, und sie regierten vorwiegend in Sachsen, ein bisschen in Thüringen und auch in der Lausitz. Und 66 Jahre lang in Polen. 1485 trafen sich die Brüder Ernst und Albrecht in Leipzig und teilten das Land. Der eine hieß nun Kurfürst und der andere Herzog von Sachsen. Dieser stellte die Könige von Polen und Sachsen und jener versorgte aus seinem Haus Sachsen-Coburg und Gotha die europäischen Königshäuser mit Thronfolgern und Prinzgemahlen.

Seitdem Prinz Leopold Georg von Sachsen-Coburg und Gotha als Leopold I. 1831 belgischer König wurde, sitzen die Sachsen auf dem belgischen Thron. Seine beiden Neffen schwärmten nach Süden und Norden aus und eroberten je einen Thron als Mitregent und Prinzgemahl: Prinz Ferdinand August 1836 den von Maria II. von Portugal und Prinz Albert 1840 den von seiner Cousine, Königin Victoria von Großbritannien. Aber er kam nicht mit leeren Händen. Er brachte den Weihnachtsbaum aus Deutschland mit. Noch heute trägt das bedeutendste Londoner Museum die Namen von Victoria & Albert. 1910 verließ der letzte Sachse den portugiesischen Thron. Portugal war Republik. Übrigens ist Königin Elisabeth II. die letzte britische Wettinerin. Prinz Charles ist Oldenburger. Ich finde, so sieht er auch aus.

Prinz Ferdinand Maximilian von Sachsen-Coburg wurde 1887 Fürst von Bulgarien, später sogar Zar. Der letzte bulgarische Zar Simeon Sakskoburggotski (!) war von 2001 bis 2005 Ministerpräsident von Bulgarien. Und der Duke of Gloucester, Richard, ist auch noch ein Wettiner. – Die Sachsen geben nicht auf.

Allerdings geben die Wettiner auch nicht auf, wenn es um die Rückgabe von 1945 enteigneten Kunstschätzen des Hauses geht. Obwohl die Wettiner sich 1999 in einem Vertrag bereit erklärten, ein Großteil ihres Eigentums gegen eine Entschädigung von 24 Millionen DM in den Museen zu belassen, kamen im Laufe der Jahre immer wieder Nachforderungen an den Freistaat Sachsen. Wenn der nicht zahlte, wurden auch schon mal millionenschwere Porzellanskulpturen bei Christie's in London versteigert …

Aber nach ihrem Ableben haben sich die Wettiner immer zu Sachsen bekannt. Markgraf Konrad der Große liegt seit 850 Jahren im Kloster Petersberg bei Halle, wo seit einiger Zeit auch wieder Mönche wohnen. Das Kloster Altzella bei Nossen, der Dom zu Meißen, der Freiberger Dom und die ehemalige Katholische Hofkirche in Dresden (Kathedrale St. Trinitatis) wurden zu letzten Ruhestätten der Wettiner.

Unser »Geenich« Friedrich August III. liegt in der Neuen Gruft der Dresdner Kathedrale. Sollten Sie ihn besuchen, erzählen Sie ihm eine seiner Anekdoten. Da freut er sich immer sehr.

45 *Sind die Sachsen natürliche Verlierer? Natürlich nicht!*

Die Sachsen haben in den Sachsenkriegen gegen Karl den Großen verloren. Sie wurden im Dreißigjährigen Krieg mit den Schweden in der Schlacht von Nördlingen geschlagen. Im Siebenjährigen

Krieg verloren sie gegen die Preußen in Kesselsdorf. 1866 zogen sie mit den Österreichern gegen die Preußen in der Schlacht bei Königgrätz den Kürzeren. Und schließlich verloren die Sachsen an der Seite Napoleons in der Völkerschlacht.

Sind die Sachsen natürliche Verlierer?

Natürlich nicht! Oder welche Antwort erwarten Sie von einem Sachsen, dessen ganzes Leben ein Kampf gegen die Widrigkeiten des Alltags ist und dessen Dasein aus »einer Aneinanderreihung kleiner Katastrophen« besteht. So ist der Sachse als Mensch eingebettet in die Geschichte seines Landes. Das verbindende Element ist die Katastrophe. Allein aus dieser Tatsache ergibt sich die logische Schlussfolgerung, dass ein Sachse, der bei dieser Lebensform nicht kapituliert, zu den Siegern gehören muss. Vielleicht nicht gleich zu den Siegern der Geschichte. Die waren wir ja schon mal. Bis wir Notiz davon nehmen mussten, dass die Geschichte uns gar nicht bemerkt hatte. Sie ging ganz einfach weiter. Und wir beschieden uns mit der Erkenntnis: »Was heißt hier siegen? – Überleben ist alles!«

Die Überlebensstrategien des Sachsen sind mannigfaltig. Dabei gibt es ein paar goldene Regeln:

1. Gehe nie zu dein Färscht (Fürst), wenn de nich gerufn wärschd (wirst)!
2. In dor Ruhe liescht de Grafd.
3. Haue ni zu sähre offn Butz.
4. Mache dich nich zum Lolo.
5. Jeder is seines Gligges Schmied.

Solange der Sachse brav und unauffällig seine Arbeit verrichtet und ebenso seinen Leidenschaften frönt, hebt er sich nicht aus der Menge heraus. Er kann in Frieden leben.

Anders sieht es aus, wenn die Obrigkeit den einfachen Sachsen zum Rapport ruft. Es können Situationen unvorhersehbarer Art entstehen, denen der Sachse nur schwer gewachsen ist. Es beginnt damit, dass der Sachse »ma grade weg is«, wenn der Ruf von oben eintrifft. Oder er kann »ma grade nich weg«, wenn er rapportieren soll. Ferner kann es sein, dass er nicht fristgerecht sein Ziel erreicht, weil er aus Versehen »än Umboochn« gemacht, also nicht den kürzesten Weg gewählt hat.

Deshalb sollte der Sachse *niemals* freiwillig den Weg zur Obrigkeit einschlagen. Denn abgesehen von den Imponderabilien, die ihn erwarten könnten, endet der Gang zur Obrigkeit immer mit Auflagen, die zu erfüllen sind, mit Strafen, die ihm aufgebrummt werden, obwohl er unschuldig ist, und mit Versprechen, die ihm abgenommen werden, obwohl er weiß, dass er sie nicht erfüllen wird.

Merke: Nur der Ausdruck »Du kommst mir wie gerufen!« verspricht Fairness bei der Behandlung strittiger Probleme. Und das auch nur in den eigenen vier Wänden.

Sollte sich der Gang zur Obrigkeit absolut nicht vermeiden lassen, dann noch ein Hinweis: Nich offräschn! Denn in der Ruhe liegt die Kraft. Bei allem Gehorsam der Obrigkeit gegenüber sollte dieser immer einhergehen mit dem Appell: »Der Fürst ist der erste Diener seines Staates.« Das scheint aber nicht jeder Fürst zu wissen. Der Sachse kann also erst in zweiter Linie als Diener herangezogen werden. Obwohl er das weiß, sollte er es sich der Obrigkeit gegenüber nicht anmerken lassen. Keinesfalls mit Wissen prahlen! Lieber etwas tiefstapeln. Das Understatement verbindet die Sachsen mit den Angelsachsen.

Natürlich darf man sich auch nicht zum Lolo machen. Verstecktes Wissen ist ja dazu da, ab und zu auch mal vorzugucken. Deshalb ist es empfehlenswert, sich ebenfalls nicht zum Heinz zu machen. Und keinesfalls zum Emil!

Dass jeder sein Glück selber erhitzt und dann spanlos verformen kann, ist hinlänglich bekannt. Aber um seines Glückes

Schmied zu sein, muss man das Glück erst mal haben. Da wir wissen, dass nur der Tüchtige Glück auf die Dauer hat, ist der Sachse fein raus. Denn wer wäre tüchtiger als er? Er ist kongenialer Erfinder, unerschrockener Forscher und begnadeter Handwerker. Und er erschrickt auch nicht, wenn er erfahren muss, dass das Glück eben auch eine leichte Dirne ist. Weiß der Sachse doch durch zahlreiche Schicksalsschläge: Glücklich ist, wer vergisst, was nicht mehr zu ändern ist.

Der Gewinn dieser Erkenntnis macht es dem Sachsen schlechterdings unmöglich, zum Verlierer zu werden. Und zwar zum Verlierer an sich. Nicht zum künstlichen Verlierer und nicht zum natürlichen.

Damit ist die eingangs gestellte Frage wohl eindeutig und endgültig beantwortet: Nein!! (Oder doch??)

46 *Frauen in Sachsen – ein starkes Geschlecht*

An wen denken Sie, wenn Sie die Überschrift lesen? An die Gräfin Cosel oder Frida Hockauf, an Frau Hildebrand oder Frau Biedenkopf? Oder hätten Sie an meine Großmutter Hedwig gedacht oder meine Schwester Gudrun? »Männer in Sachsen« wirkt als Titel viel zu unscharf. Da möchte man schon wissen, ob es sich um Politiker, Sportler oder Kriminelle handelt. Bei den Frauen hat man das Gefühl, für eine differenzierte Aufzählung gäbe es gar nicht genug …

In Leipzig gibt es eine Universität und neun Hochschulen. Die namhaftesten werden von Frauen geleitet: die Universität, die Hochschule für Grafik und Buchkunst und die Hochschule für Technik, Wirtschaft und Kultur. Die Theater und das Gewandhaus sind fest in der Hand der Männer. Das trifft – mit zwei Ausnahmen – ebenso auf die Kabaretts und das Varieté zu. Die Stadt Leipzig hat einen Oberbürgermeister und sieben Bürgermeister. Eine Frau in der Stadtregierung. Eine Grüne. Der Mitteldeutsche Rundfunk wird jetzt von einer Frau geleitet. (Fast zwanzig Jahre stand ein Mann an der Spitze.) In der Regierung Sachsens gibt es sogar zwei Frauen. Darunter eine Freifrau – wie es sich für einen Freistaat gehört –, Frau von Schorlemmer.

Adlige Frauen spielten in Sachsen schon seit jeher eine wichtige Rolle. Zum Beispiel die beiden Markgräfinnen von Sachsen, nämlich Jutta von Thüringen und Constantia von Österreich. Auch Kurfürstinnen und Herzoginnen von Sachsen stammten oft nicht von dort. Sie kamen aus Braunschweig und Böhmen, aus Mecklenburg und Brandenburg oder gar aus Dänemark.

Handwerkerinnen waren durchaus geachtet. Meisterswitwen übten das Handwerk ihres verstorbenen Mannes bis zur Wiederverheiratung oder der Volljährigkeit der Söhne aus.

Im Mittelalter kümmerte sich die Stadt meist vorbildlich um die Dirnen. 1415 gehörte das Frauenhaus in Dresden dem Rat, der Garten dem Stadtpfarrer (!). 200 Jahre später erließ der Kurfürst eine Verordnung gegen den Luxus, die verbot, dass Frauen ihre Kinder in mit Gold und Silber bestickte Windeln wickelten. Vermutlich, weil diese dann beim Waschen unnötig laut klirrten.

1694/95 kam es zum vermutlich letzten Hexenprozess in Sachsen. Ursula Margarethe von Neitschütz wurde der »Behexung« des Kurprinzen beziehungsweise Kurfürsten Johann Georg IV. verdächtigt. Ihr Pech war, dass sich der junge Kurprinz in ihre vierzehnjährige Tochter verliebt hatte. Und als sein Vater (der immer gegen diese Verbindung war) starb, diese Tochter zur zweiten Ehefrau machen wollte. Doppelt Pech für Margarethe: Johann Georg IV. liebte ihre Tochter wirklich. Und als sie mit neunzehn an den Blattern starb, folgte er – der sich an ihrem Krankenbett infiziert hatte – ihr nach drei Wochen. Das fanden gewisse gesellschaftliche Kreise so unnatürlich, dass man Margarethe und 43 weitere Personen verhaftete und der Hexerei anklagte. Zwei starben unter der Folter. Margarethe überlebte. Die Aufklärung nahte zum Glück.

Ein sinnfälliges Beispiel dafür war 1737 die Vertreibung des »Hanswurst« von der Bühne durch Friederike Caroline Neuber, die Neuberin. Mit fünfzehn war sie aus dem Elternhaus geflohen, was ihr eine dreizehnmonatige Haftstrafe eingebracht hatte. Mit neunzehn war sie Schauspielerin. Mit dreißig hatte sie ihre eigene Komödiantengesellschaft und arbeitete mit Gottsched zusammen. Ihre Theatertruppe trat in Leipzig und Dresden auf. Auf Einladung der Zarin Anna spielte sie in St. Petersburg. Nachdem sie sich mit Gottsched zerstritten hatte, waren ihr die Theater verschlossen. Sie führte noch Lessings erstes Drama *Der junge Gelehrte* auf. Aber ihre Zeit war vorbei. Einsam und arm wie eine Kirchenmaus starb sie in Laubegast bei Dresden.

Das Theater scheint Tragödien zu favorisieren: Dorothea Tiecks Shakespeare-Übersetzungen erschienen unter dem Namen ihres Vaters. Sie übersetzte in nur vier Jahren immerhin acht Dramen des großen Engländers. Darunter *Macbeth* und *Das Wintermärchen*. Sie starb 1841 in tiefer Depression in Dresden.

Amalie, die Schwester König Johanns und Prinzessin von Sachsen, schrieb unter dem Pseudonym Amalie Heiter mehr als dreißig (heitere?) Theaterstücke, die in ganz Deutschland aufgeführt wurden. Zum Bau der Semperoper spendete sie 80 000 Taler. Als die Oper dreißig Jahre später niederbrannte, starb Amalie kurz danach.

Wer wurde mit neunzehn Jahren in Dresden eine von Carl Maria von Weber und Richard Wagner geschätzte Hofopernsängerin? Und wer hatte schon mit siebzehn als Fidelio Beethoven begeistert? Wer führte eine unglückliche Ehe mit einem Sänger und musste ihm nach der Scheidung die vier Kinder überlassen? Und wer feuerte 1849 in Dresden von der Barrikade die Massen an? Wilhelmine Schröder-Devrient!

Wilhelmine Reichard dagegen war die erste deutsche Frau, die in die Luft ging. Aber im wörtlichen Sinne! Mit 23 stieg sie zum ersten Mal im Ballon auf, mit 32 zum letzten Mal. Dazwischen brachte sie acht Kinder zur Welt. Auch ein Höhenflug! Übrigens endeten die meisten Ballonfahrten mit einem Absturz. Das war aber damals durchaus nicht ungewöhnlich und gehörte sozusagen »zur täglichen Arbeit«.

Die erste »Agentur für Arbeit« gründete im Jahre 1840 Henriette Heber in Dresden. Ihr folgte vier Jahre später eine solche in Leipzig. Louise Otto-Peters, die »Lerche des Völkerfrühlings« im deutschen Vormärz, schrieb schon 1843 in den *Sächsischen Vaterlandsblättern* an Robert Blum: »Die Teilnahme der Frauen an den Interessen des Staates ist nicht ein Recht, sondern eine Pflicht.« 1865 gründete sie mit Auguste Schmidt und Henriette Goldschmidt den Allgemeinen Deutschen Frauenverein. (»Schmidteinander« war also auch nur geklaut.)

Henriette Goldschmidt starb kurz vor ihrem 95. Geburtstag in Leipzig. 1911 hatte sie im Alter von 86 Jahren die Hochschule für Frauen gegründet. Vierzig Jahre zuvor den Verein für Familien- und Volkserziehung, der ein Jahr später den ersten Volkskindergarten eröffnete. Im gleichen Jahr wurde ein Seminar für Kindergärtnerinnen gegründet. Die Theorie wurde also zeitnah in die Praxis umgesetzt. Danach wurde ein Lyzeum für Damen eröffnet – die spätere »Fröbel-Frauenschule«. Als Henriettes Mann, der Rabbiner Dr. Abraham Meyer Goldschmidt stirbt, erwirbt der Verein ein Haus als Begegnungsstätte: das Henriette-Goldschmidt-Haus. (Dieses Haus wurde nach 1990 von der Stadt Leipzig »für'n Abbel un ä Ei« an eine Mitarbeiterin verkauft. Sie veräußerte es mit hohem Gewinn weiter. Die Stadt kaufte es für »eine irre Summe« zurück und ließ es abreißen. Die Unterlagen zu dem Vorgang sind im Rathaus nicht aufzufinden.)

Tony Sender kam mit 36 Jahren nach Dresden und saß für die SPD im Reichstag. 1933 floh sie über die Tschechoslowakei und die Niederlande in die USA. Sie arbeitete für die UNO und versuchte dort seit 1949 die Zwangsarbeitslager in der Sowjetunion – die berüchtigten Gulags – auf die Tagesordnung zu bringen. Ihre Bemühungen wurden torpediert und fanden keine Fürsprache. »Väterchen Stalin« wurde zu der Zeit noch als Held des Zweiten Weltkriegs gefeiert. Der Vorstoß von Tony Sender war zwar einzigartig, wurde aber von den Westmächten als »unzeitgemäß« betrachtet.

Unzeitgemäß und einzigartig war auch die Gründung des Dresdner Diakonissenhauses im Jahre 1844. Sie ging auf einen Plan von Ulrike von Leipziger (!) zurück, die Herrnhuter Gedankengut in die Tat umsetzen wollte. Drei Frauen bildeten den Vorstand des Hauses. Männer tauchten in dem Vorstand erst zwölf Jahre später auf. Aber dann waren sie auch unter sich …

Schön wäre es, Dorothea Erxleben als Sächsin ausgeben zu können. Dazu ward sie aber 20 Jahre zu spät geboren. Sie schaffte es, im 18. Jahrhundert mit einer Sondergenehmigung von Friedrich II. zur ersten Doktorin der Medizin in Deutschland zu werden. Nebenbei gebar sie vier Kinder, hatte neun kleine Racker zu erziehen und praktizierte als Ärztin. Sie war die Leibärztin der Äbtissin des Quedlinburger Stifts. Mit 46 Jahren starb sie an einer Infektion. So eine Frau hätte eigentlich eine Sächsin sein müssen.

47 *Weinanbau und Silberabbau – Segen für Gaumen und Geldbeutel*

Ich kann mich noch lebhaft erinnern, auf welch Unverständnis wir bei Freunden stießen, als wir Anfang der siebziger Jahre Wein aus dem Tal der Unstrut tranken. Sie meinten, »das saure Zeug« sei ungenießbar. Das fanden wir nicht und sprachen weiter unserem Müller-Thurgau, Silvaner oder Grauburgunder zu. Heute sind die Weine aus dem Saale-Unstrut-Gebiet und von der Elbe in ganz Deutschland bekannt und beliebt. Obwohl zu den kleinsten Anbaugebieten in Deutschland zählend, besitzen die Weine »von uns hier« eine große Reputation.

Bereits im Mittelalter gab es in beiden Anbaugebieten nachweislich Weinberge. Sie zählen zu den sonnenscheinreichen und niederschlagärmsten Gebieten in Deutschland. In beiden Gebieten findet man Löß, Lehm und Sandstein. 730 Hektar Anbaufläche gibt es an Saale und Unstrut, 450 in Sachsen. Zur Zeit Augusts des Starken waren es 1 500 Hektar. Und an der Unstrut gab es im 16. Jahrhundert sagenhafte 10 000 Hektar. 1887 machte jedoch die Reblaus auch um Sachsen und die Saale mit ihrem Nebenfluss Unstrut keinen Bogen. Die Anbauflächen sanken auf unter hundert Hektar.

Beide Anbaugebiete haben vier Großlagen. Am Höhnstedter Kelterberg war ich mal zu einer Weinprobe bei der Familie Hoffmann. Das Winzerehepaar stellte uns seine Weine vor und sagte, sie wären im vergangenen Jahr jeden Tag »im Berg« gewesen. Sonst hätten sie nichts geerntet. Also nicht genug, um entsprechend verkaufen zu können. Zu dem Weingut gehört auch der Weinberg, den einst Georg Friedrich Händels Vater besaß. Wir saßen auf der Tenne einer riesigen ehemaligen Schrotmühle. Der Winzer hat in den letzten Jahren kräftig investiert. Für die Zukunft. Der »Lutherweg« führt an seinem Gut vorbei. Er verspricht sich etwas von den Anhängern Luthers, die zu den Lebensstationen des Reformators pilgern. Nicht umsonst hat Luther aus der Schrift zitiert: »Das Brot stärkt des Menschen Herz, der Wein aber macht ihn fröhlich.« Und so gibt es hier neben einem Lutherwegwein auch den Händelwein.

410 Kilometer kann man auf den Spuren Luthers von Wittenberg über Halle, Eisleben und Köthen zurück zur Schlosskirche in Wittenberg wandern. Ein Teil der Strecke führt an Weingütern zwischen Bad Kösen, Naumburg und Freyburg vorüber. Auf den Gütern findet gerade ein Generationenwechsel statt. Die meist siebzigjährigen »Altwinzer« übergeben die Weinberge an ihre Kinder. Auf dem Gut in Höhnstedt arbeiten die weit jüngeren Eltern noch. Tochter Marie studierte Vinologie, machte ein Praktikum in Rioja, lernte den Wein in Kanada und Australien kennen und wird das Gut einmal übernehmen. Den Händel Weinberg hat sie schon gepachtet.

Ein anderes Weingut, das wir besuchten, hat der Sohn nach seinem Studium schon übernommen. Oft ergänzen sich Eltern und Kinder. Die »Alten« arbeiten noch »im Berg«, die »Jungen« haben sich als Küfer spezialisiert und arbeiten am Fass. Das Weinangebot ist hier recht farbig: Weißer Burgunder, Grüner Silvaner, Roter Traminer und Blauer Portugieser.

An der Elbe finden wir Weinberge von Seußlitz, in der Nähe von Riesa, bis nach Pillnitz hinter Dresden. Der Sächsische Weinwanderweg führt sogar in sechs Etappen von Pirna nach Diesbar. Ich wuchs am Fuße von ehemaligen Weinbergen im Norden Dresdens auf, am Stadtrand. Da gab es die Weinbergstraße, den Weinbergweg und die Weinbergkirche. Nur die Kneipe am Fuß des Berges hieß »Bierschwemme«. Aber auch in der Stadt, zum Beispiel in Trachau, haben Bewohner heute noch über hundert Jahre alte Weinstöcke im Garten.

Der vielleicht letzte Weinberg am Elbhang in Richtung Pirna ist der königliche Weinberg in Pillnitz. Er ist sechshundert

Jahre alt und wurde von August dem Starken neu angelegt. (Was dieser Mann alles konnte: Barockschlösser bauen, Kunstsammlungen anlegen, Mätressen flachlegen und auch noch Wein anbauen!) Der Weinberg wird deshalb von achtzig Hobbywinzern gepflegt.

»Meißner Wein und Unstrut-Wein sind eine Köstlichkeit. Sie können zu jeglicher Speise genossen werden. Und sie bilden das Bouquet der Speisenfolge.« (Gunter Böhnke) Da muss ich mir recht geben. Genau so ist es. Aber was muss man im Leben durchmachen, bis man zu diesem Erkenntnisstand gelangt! Vom Messwein zur Konfirmation möchte ich nicht sprechen. Doch dann kamen diese schrecklichen Dessertweine: Bulgarengold und Balkanfeuer. Mit einem Schädelbrummfaktor von 350. Da blieben kein Auge und kein Bettvorleger trocken. Etwas später kamen die süßen Roten. Das waren nicht die reizenden jungen Pionierleiterinnen, sondern Rosentaler Kadarka und Klostergeflüster. (Im Volksmund hießen sie »Schlüpferstürmer« und »Büchsenöffner«.) Dann gab es Mavrud und Gamza, Erlauer Burgunder und Stierblut. Und erst am Schluss – da war das halbe Leben schon vorbei – kamen die Weine, die in unserer Heimat wachsen.

Was ich damals noch nicht wusste: »Es liegen im Wein produktiv machende Kräfte sehr bedeutsamer Art.« Da haben Sie wohl recht, Herr Geheimrat Goethe.

Da sich ja im Leben alles ausgleicht, gehört zu jedem Anbau auch ein Abbau. Und so folgten im alten Sachsen dem Weinanbau vom 10. Jahrhundert zweihundert Jahre später das »Erste Berggeschrey« und der Silberabbau bei Freiberg. Die Vorfahren meines Großvaters müssen das Geschrei noch gehört haben. Sie stammen aus Linda, heute Teil von Brand-Erbisdorf, fünf Kilometer hinter Freiberg. Vielleicht gehörten sie zu den Bergleuten, die aus dem Harz nach Freiberg kamen, um das Silber abzubauen. Der Markgraf von Meißen, Otto der Reiche (das wurde er danach!), hatte sie eingeladen: »Wo eyn man ercz suchen will, das meg her thun mit rechte.« Er wusste auch warum. Denn dem Landesherrn stand der Bergzehnt zu, zehn Prozent der Erträge aus dem Silberabbau. Drei Fünftel der gesamten Einkünfte des Landesherrn stammten daher dann auch aus dem Bergbau.

Das (zweite) »Große Berggeschrey« kam vom Schneeberg und vom Schreckenberg (Annaberg-Buchholz) im Jahre 1470. Wieder war man auf mächtige Silberadern gestoßen. Und wieder strömten Menschen ins Erzgebirge. Neue Städte entstanden. Darunter auch Marienberg und Sankt Joachimsthal.

Und fast achthundert Jahre nach dem »Ersten Berggeschrey« gab es das dritte. Die Sowjetunion brauchte Uranerz für den Bau ihrer Atombombe. Im besetzten Ostdeutschland wurden die Geologen fündig. Rings um das international bekannte Radiumbad Schlema wurde im westlichen Erzgebirge auf zum Teil abenteuerliche Weise Uran gewonnen. Es herrschte eine echte Goldgräberstimmung. Die Wismut-Kumpel wurden gut bezahlt, es gab Deputatschnaps und leichte Mädchen. Die ersten Kumpel waren allerdings noch Zwangsarbeiter, die meist bei der Entnazifizierung als »Kriegsverbrecher dritten Grades« eingestuft worden waren und zu willkommenen Arbeitskräften in der »Uranprovinz« wurden.

Schon 1789 war Uran nach einem Fund in einer Johanngeorgenstädter Grube wissenschaftlich beschrieben worden. Dort und in Schneeberg war dann bereits im 19. Jahrhundert Uran abgebaut worden.

Der Silberbergbau brachte unvorstellbaren Reichtum aus dem Erzgebirge. Vor allem für den Landesherrn. Aber auch Adlige, Räte der Städte und Handwerksmeister beteiligten sich an dem Handel mit aktienähnlichen Bergwerksanteilen, den Kuxen. Kaufleute, die daneben noch mit Silber handelten, erfolgreich Bankgeschäfte machten und für den Landesherrn den Zehnten einzogen, konnten richtig reich werden. Wie der Zwickauer Kaufmann Martin Römer. Er wurde geadelt, war Berghauptmann und begleitete Herzog Albrecht auf seiner Reise ins Heilige Land, die er maßgeblich finanzierte. (Gewisse Ähnlichkeiten mit dem aktuellen Bankwesen sind rein zufällig.) Als er 1483 starb, besaß er mehrere Häuser, drei Landgüter und hinterließ Stiftungen für sein Seelenheil in Höhe von 33 600 Gulden. Ein Handwerker verdiente im Jahr fünfzig (!) Gulden.

Neben Freiberg gilt Schneeberg als *die* Stadt des Silberabbaus, obwohl schon Mitte des 16. Jahrhunderts der Abbau von Kobalt und Bismut (Wismut) wichtiger wurde. Das »Große Berggeschrey« soll übrigens ein Hauer in einer Grube des Kaufmanns Martin Römer ausgelöst haben. Und von dort kommt auch der Ausdruck »Fundgrube«. 1483 erhielt Schneeberg dann auch eine eigene Münzstätte. Sollten Sie noch einen Schneeberger Groschen besitzen, so achten sie auf ihn. Beethoven hat seinen leider verloren …

48 *Vom Minimuseum zum Micromuseum – Sachsen ganz vorn*

»Gebt mir ein Museum und ich werde es füllen.« Das sagte einst Picasso. Für ihn war es ein Leichtes, das Versprechen einzulösen. Ihm eiferte 2011 der Milliardär Carlos Slim nach. Er ließ in Mexiko-Stadt das wahrscheinlich modernste Museum der Welt bauen, um für seine 66 000 Exponate umfassende Kunstsammlung ein würdiges Heim zu schaffen.

In Mexiko war ich noch nicht. Aber sonst habe ich viele der wichtigen Kunstsammlungen der Welt besucht. Als Dresdner natürlich die Gemäldegalerie mit der Sixtinischen Madonna, als Leipziger das Museum der Bildenden Künste und Klinger. Ich habe im Louvre geheimnisvoll die Mona Lisa angelächelt und bin im Guggenheim in New York die Schneckenbahn hinuntergerannt. In der Eremitage hab ich das Schliemann-Gold bewundert und im Melbourner Museum stand ich fassungslos vor einem alten Landmaß, das den Namen Gunter trug. Wie viele Gunter maß einstmals der größte Acker in Victoria? Und ich habe Picassos in aller Welt bewundert und enträtselt. Ich habe auf vier Kontinenten jüdische Museen ausfindig gemacht. Auf »Jumble Sales«, englischen, schottischen und walisischen Flohmärkten, habe ich die unglaublichsten Dinge erstanden.

Aber mein erstes Museum war das Karl-May-Museum in Radebeul bei Dresden. Klein, aber fein. Schon damals erwachte mein Interesse an Minimuseen. Museen in der Nussschale, in der Westentasche, auf der Wäscheleine. Aushängeschilder!

Nicht alle Minimuseen in Sachsen konnte ich selbst in Augenschein nehmen. Ich war zwar im Brecht-Haus in Berlin und im Buddenbrookhaus in Lübeck, aber ins Dresdner Erich Kästner Museum bin ich noch nicht vorgedrungen. Es nennt sich »Mobiles interaktives Micromuseum« und befindet sich in der Villa Augustin am Dresdner Albertplatz (in der DDR: Platz der Einheit) und beschreibt Kästner als einen exemplarischen Autor des 20. Jahrhunderts. Es wird nicht ein vorgefertigtes Bild Kästners vermittelt, sondern es geht um Facetten von Leben und Werk: »Kästner gehört zu den unglücklichen Schriftstellern der Moderne.« Das habe ich bisher noch nicht so gesehen. Die schönste Beschreibung des Museums liefert übrigens ein Universitätsprofessor für Erziehungswissenschaft aus Bonn – wie so oft kommt mal wieder der beste Kommentar von außerhalb.

Die Alte Pfefferküchlerei in Weißenberg (bei Bautzen) ist das älteste technische Museum Europas. Dort werden noch Honigkuchen, Pfefferkuchen und Printen nach alter Tradition hergestellt. Es gibt Bildpfefferkuchen für alle Feste des Jahres. Der altdeutsche Backofen, der Kessel zur Honigzubereitung und der häusliche Herd werden von einer aus Holz, Stroh und Lehm gefertigten Knüppelesse gekrönt. Fast dreihundert Jahre befand sich die Pfefferküchlerei in Familienbesitz. Der Keller ist sogar achthundert Jahre alt.

Natürlich braucht der Kaffeesachse auch ein Kaffeekannenmuseum. Und wo finden wir es? In Lichtenstein, Ortsteil Heinrichsort im Erzgebirge. Kaffeekannen aus der ganzen Welt, in unglaublichen Formen und Farben werden hier präsentiert. Sie können im Museum auch an Kaffeeseminaren teilnehmen. Und selbst »Die Bowle ist voll« wird versprochen. Ein gemütlicher Abend um die alkoholische Gärung. Bowle ohne Ende sowie ein Durchhalteimbiss – prost Kaffee!

»Wer unter Völkerschaften des verschiedenen Charakters und der verschiedensten Glaubensformen gelebt hat und bei allen in ihrer Weise treffliche Menschen gefunden hat, der wird sich vor der Einseitigkeit der Anschauung menschlicher Lebensverhältnisse bewahren.« Dieser Satz stammt aus dem Jahre 1859, und zwar von dem Afrikaforscher Heinrich Barth. Und er ziert den Flyer des Afrikahauses Sebnitz. Das Afrikahaus befindet sich in einem Umgebindehaus aus dem 18. Jahrhundert und ist Museum, Bibliothek und Begegnungsstätte. Es existiert seit 2001 und geht auf die Initiative von Ortrud und Eckard Nold zurück. Sie haben auch die 3400 Bände umfassende Bibliothek gestiftet sowie einen Teil der 4000 Exponate aus Namibia, Südafrika und Gabun. Eine Fotodokumentation zeigt Albert Schweitzers Urwaldklinik in Lambarene. Und Leni Riefenstahls beeindruckende Nuba-Fotografien findet man auch im Afrikahaus. Geleitet wurde es längere Zeit von einem echten Namibier mit deutschen Wurzeln. Es muss nicht immer Picasso sein, auch ein deutsches Unternehmerpaar kann ein Museum füllen.

49 *Woher kommen wir denn eigentlich? Eine Wurzelbehandlung*

Das, was beim Zahnarzt so etwa das unangenehmste Vorstellbare ist, wird für den Sachsen zum Lebensinhalt. »Back to the roots«, wie die Angelsachsen sagen. Der Sachse wittert hinter jedem Namen, der seinem gleicht oder ihm ähnelt, sofort einen Verwandten. Und wenn der Träger seines Namens zögerlich Auskunft gibt oder gar eine Verwandtschaft ausschließen möchte, dann wird so lange diskutiert und verhandelt, bis der andere einräumt, er könne sich erinnern, es habe mal einen Großonkel gegeben, der einen Cousin hatte, dessen Schwiegermutter mal erwähnt haben soll, sie vermute, es habe eine Verbindung zum eigenen Geburtsort gegeben.

Na bitte! Nun geht die Suche weiter nach den eigenen Wurzeln. Kirchenbücher, Archive, GenWiki. Und am Ende stellt man fest: Die Vorfahren väterlicherseits stammen von den Salzburger Exulanten ab und die Urahnen von Mutters Familie waren Bergleute aus dem Vorerzgebirge. Nun erklärt sich auch, warum der Großcousin immer Bergsteiger werden wollte. Und es nimmt nicht wunder, dass die Enkeltochter schon früh eine Neigung zu Mozart entwickelte.

Aber über das Familiäre hinaus möchte der Sachse ganz gern etwas über seine Historie wissen. Nach dem Motto: Wo komm ich her – wo geh ich hin? Wie immer verlieren sich Spuren, die zum Ursprung führen, im Dunkel, im Nebel oder am Horizont. Und es scheint keinen Zweck zu haben, Licht ins Dunkel der Vergangenheit bringen zu wollen. Zu verwirrend sind die Informationen, zu kontrovers die Interessenlagen. Und dass Geschichte stets von den Siegern aufgezeichnet wird, macht die Sache auch nicht einfacher.

Wir fangen einfach mal an.

Von Anfang an galt: Es kann der Sachse nicht in Frieden leben, wenn es den bösen Franken nicht gefällt. Und warum nicht? Ganz einfach: Der Sachse war Heide. Er lebte in der Heide. Und er lebte »fiers heide«. Die christlichen Missionierungsversuche der Franken interessierten ihn nicht. Ob es nach dem Tode noch bessere Lebensbedingungen geben würde, war ihm schnurz. Wenn er seinen Met hatte, einen ordentlichen Wildschweinschinken und den blonden Wirbelwind Irmingard unter sich, wollte er zufrieden sein. In seiner Freizeit schrieb er die *Sachsenchronik* und alles war in bester Butter.

Das passte dem mittelgroßen Karl dem Großen nicht in den Plan. Er wollte nämlich Karl der Größte werden. Also brach er die Sachsenkriege vom Zaun. Die dauerten 33 Jahre. So alt wurde mancher Sachse gar nicht. Und es fing gleich gut an: Kaum hatte der Krieg begonnen, eroberten die Franken die Eresburg im Süden Engerns und zerstörten 772 ein Hauptheiligtum der Sachsen, die heidnische Weltsäule Irminsul. (Davon gibt es ein beeindruckendes Gemälde in der Kaiserpfalz zu Goslar.) Das Ziel der Franken war die komplette Missionierung der Sachsen – oder deren Ausrottung.

Im Wege war ihnen dabei vor allem der sächsische Heerführer Widukind, der tapfer Widerstand leistete. Und obwohl 782 viele Sachsen hingerichtet wurden (es sollen 4500 gewesen sein), die sich nicht taufen ließen, war der Widerstand nicht zu brechen. Sogar die Thingversammlungen wurden verboten. Also das »Thing an sich«. Weitere Aufstände der Sachsen werden von den Franken blutig niedergeschlagen. Am Ende hat Widukind die Nase voll und lässt sich doch taufen. Damit ist endgültig Schluss mit lustig.

Doch es kommt, wie es kommen musste: Nachdem Karl der Große gestorben war, zerbröckelte sein Reich. Und just die unterworfenen und zwangsmissionierten Sachsen stiegen auf. Ab 919 stellten sie für mehr als 140 Jahre die »Sachsenkönige« und »Sachsenkaiser«.

Natürlich könnte man in der Geschichte noch weiter zurückgehen als bis zu den Sachsenkriegen. Ptolemäus soll ja die Sachsen schon im Jahre 150 erwähnt haben. Und 150 Jahre später haben die Römer sie als Seeräuber bezeichnet. Und um 350 sollen die Sachsen das Dorf der Nachfahren von Asterix und Obelix geplündert haben. – Das kann ich mir nicht vorstellen!

Die Sachsen halfen den Franken, die Thüringer zu besiegen. Das war ein Fehler, wie sich herausstellen sollte, denn danach wandten sich die Franken gegen die Sachsen. Der angelsächsische Missionar Beda besuchte eine Thingversammlung, wo jeder Stand seine Probleme vortragen konnte und Recht gesprochen wurde. Da hat er aber gestaunt: »Diese Altsachsen haben nämlich keinen König …«

Eigentlich geht es auch ohne.

50 *Fußball und Skat – die Fundamente des Landes*

Es gab eine Zeit, da konnten die Kinder in Dresden auf der Straße Fußball spielen, ohne Gefahr zu laufen, von einem Stadtjeep (in Berlin Kuhdammpanzer) überrollt zu werden. Es gab Pferdefuhrwerke, die Bierfässer anlieferten, und nur selten kamen Holzkohlevergaser-Laster mit zwei Anhängern, um Braunkohle (»Blumenerde«) auf dem Schulhof abzukippen.

Es gab Gummibälle zum »Bäbbeln« (Bolzen, in Leipzig »Fädden«) und meist spielten wir barfuß, da Turnschuhe fürs Turnen reserviert waren. Später hatte ich amerikanische Basketballschuhe von der Tante aus dem Westen. Damit war ich der absolute King. Ich spielte in der Straßenmannschaft »Cottbuser Straße, hinterer Teil«. Manchmal gab es straßenübergreifende Spiele, zum Beispiel gegen die Jungs von der »Aachener Straße, bis zur Schule«. Natürlich spielten wir nicht unter unseren richtigen Namen. Der Tormann nannte sich Zamora (vor dem Krieg der weltbeste Torhüter aus Spanien), ich war der Brasilianer Didi, der die Bälle mit Gegeneffet schlug, also von unten anschnitt. Beim Elfmeterschießen war ich Richard Hofmann, der in Meerane geborene und in Freital gestorbene Dresdner Stürmer, der mit seinen Schüssen Tornetze zerfetzte. Da unsere Tore nur imitiert waren, bestand bei meinen Schüssen aber keine Gefahr.

Kein Wunder, dass die Jungs in Sachsen schon vor dem Schulalter dem runden Leder (wenn es auch aus Igelit war, einem Weich-PVC, das in der frühen DDR als Ledererersatz diente) nachjagten. Schließlich waren es die Angelsachsen, von denen wir das Fußballspiel lernten.

War Leipzig schon bei den Turnvereinen in Deutschland an der Spitze gewesen, so lag es auch mit seinen Fußballvereinen ganz vorn. Noch vor dem Weltkrieg gab es in Leipzig vier Vereine, die Mitteldeutscher Meister wurden: Wacker Leipzig, Verein für Bewegungsspiele Leipzig, Spielvereinigung Leipzig und Eintracht Leipzig.

Schon 1883 hatten Schüler der Leipziger Petrischule gegen den Ball getreten (»Fußlümmelei«). Und 1897 hatten sich die Leipziger Vereine zu einem Verband zusammengeschlossen, der die ersten Meisterschaften in Sachsen austrug. Aus einer Turnerriege entwickelte sich innerhalb von acht Jahren der VfB Leipzig, die erfolgreichste deutsche Fußballmannschaft bis 1914. Natürlich gewannen die Spieler auch die erste Deutsche Meisterschaft 1903 in Hamburg-Altona – 7:2 gegen den DFC Prag. Der VfB Leipzig wurde bis zum Ersten Weltkrieg dreimal Deutscher und siebenmal Mitteldeutscher Meister. Meisterhaft! Und wo wurde 1900 der Deutsche Fußball-Bund (DFB) gegründet? Na klar: in Leipzig.

Aber auch die Spieler des Dresdner SC 1898 waren nicht von Pappe. Sie wurden im Zweiten Weltkrieg zweimal Deutscher Meister und speisten sich aus dem Dresden English Football Club (gegründet 1874!), dem ersten außerhalb der britischen Inseln, der nach den heute noch gültigen Regeln spielte. Nach 1945 hieß der DSC SG Dresden-Friedrichstadt. Ich habe im Stadion Ostragehege noch »den dicken Müller« und Helmut Schön, den späteren Bundestrainer, spielen sehen. 1950 kam es nach dem Oberligafinale in Dresden zu Ausschreitungen – Friedrichstadt hatte gegen Horch Zwickau 1:5 verloren. Friedrichstadt wurde aufgelöst und elf Spieler gingen zu Hertha BSC.

Das ist Ihnen zu viel Historie? Bitte, nur als Beispiel für die Kontinuität sächsischen Fußballs: Zwischen 1995 und 2002 waren zwei »Fußballer des Jahres« aus Sachsen – Matthias Sammer (zweimal) und Michael Ballack. Und zwischen 1993 und 1998 war Ulf Kirsten aus Dresden dreimal Torschützenkönig.

Doch auch zu Zeiten der DDR waren die Sachsen im Fußball tonangebend. Von 1973 bis 1978 war Dynamo Dresden viermal Deutscher Meister der DDR. Danach bestimmte General Mielke unter dem Motto »Ich liebe euch doch alle. Aber am liebsten liebe ich den Berliner FC Dynamo« für die nächsten zehn Jahre den Meister. Und nach 1989 hieß der Meister wieder Dynamo Dresden.

Und wissen Sie eigentlich, wer den DDR-Song zur Fußballweltmeisterschaft 1974 gesungen hat? Der Leipziger Frank Schöbel.

Seit 21 Jahren gibt es nun einen Sächsischen Fußballverband. Er zählt fast 130 000 Mitglieder, 5708 Mannschaften rasen dem Ball nach. Und in Leipzig, wo der Verband seit 2011 seinen Sitz hat, heißt eine Mannschaft sogar Rasen Ball Leipzig.

Leider kommt es bei Fußballspielen immer wieder zu Krawallen. Das ist sicher keine sächsische Besonderheit. Aber offensichtlich entgleitet dem Sachsen beim Anblick dieses aussichtslosen Unterfangens – es ist eben nicht möglich, dass jeder Spieler seinen eigenen Ball erhält, was das ganze Durcheinander auf dem Rasen in geordnete Bahnen lenken würde – sein Gemüt. (Es ist jedoch nur eine kleine Gruppe von Hooligans, die gewaltbereit ist.) Und ohne Gemüt neigt der Sachse dazu, der Gemütlichkeit zu entsagen. Er ist notfalls sogar gewillt, den Schiedsrichter zu bitten, zum Telefonieren kurzzeitig das Spielfeld zu verlassen. (Telefonieren am Steuer und zwischen den Toren ist ja bekanntermaßen nicht erlaubt.)

Beim Skatspielen – einer anderen sächsischen Leidenschaft – kommt es seltener zu Tumulten. Das mag daran liegen, dass man nicht oft zweimal elf Menschen um einen Tisch sitzen sieht, die Skat spielen. Meist sind es drei oder vier. Und die beleidigen einander auch nicht durch lauthalses Zitieren von Tiernamen oder Körperteilen. Überhaupt ist Lautstärke kein Kennzeichen des sächsischen Skatspiels. Gut, bei einem überraschenden Sieg ist schon mal ein gedämpfter Freudenschrei zu vernehmen. »Skat dreschen« ist jedenfalls nichts Gewalttätiges. Es beschreibt nur einen gewissen emotionalen Schub, der beim Ablegen der Karten hörbar werden könnte. Stattdessen hört man ab und an Fragen oder mahnende Worte, die den Spielfluss befördern sollen: »Spielst du noch mit?« – »In Klotzsche hat sich schon mal einer totgemischt!« – »Däuser wie die Häuser und die Zehnen scharf nach!« – »Hosen runter!« – »Dem Freunde blank, dem Feinde lang« – »Ha! Ein gespaltener ...«

Der Sachse spielt mit einem deutschen Blatt mit Kornblumenmuster. Die französischen Farben kennt er auch, spielt sie aber nicht. Er spielt streng nach dem Altenburger Regelwerk. Grand ouvert zu spielen vermeidet er, weil er sich nicht sicher ist, wie es geht. Bei Null wird Ehrenspritze gegeben. Grand wird meist geschenkt. Alles klar?

Altenburg kennt jeder Sachse, der Skat spielt. Dort wird das »Original Altenburger Blatt« gedruckt. Es gibt dort das Skatmuseum und einen Skatbrunnen, den einzigen im Universum. Dass Altenburg in Thüringen liegt, stört den Sachsen nicht. Wo er auftaucht, da ist Heimat.

Skat lernt man in Sachsen schon in der Grundschule. Noch vor Nadelarbeit und Astronomie. Ich spiele also schon 65 Jahre. Und seit exakt dreiundvierzig Jahren spiele ich mit drei Freunden Skat: einem Schlesier, einem Thüringer aus Altenburg und einem Sachsen. Da der Altenburger 1987 nach München auswanderte, beglücken wir seit 1990 auch Wirtshaustische in Bayern, Tirol und Südtirol mit unserem sächsischen Blatt. Wir sind sozusagen Skatexporteure. Das scheint mir besonders wichtig in einer Zeit, in der Online-Skaten hemmungslos um sich greift (genauso wie Inline-Skating!).

Skat ist eine Sportart, die friedlich verläuft. Es gibt keine Fouls, die den Gegenspieler körperlich verletzen. Das logische Denkvermögen wird geschärft. Die Sprache ist kaum emotional gefärbt. Sie ist eher formelhaft und gedämpft. Und von Meniskus- und Kreuzbandrissen habe ich beim Skat noch nichts gehört.

Untersuchungen haben ergeben, dass Profifußballer pro Saison tausendfünfhundertmal den Ball köpfen. Ein Kopfstoß kann durchaus mit einem Kopftreffer beim Boxen verglichen werden. Welche Auswirkungen das Köpfen beim Fußball auf das Gehirn hat, kann man am besten dem Buch von Effenberg entnehmen.

Über das Abschneiden von Profifußballern bei Skatturnieren gibt es bisher allerdings keine Erkenntnisse. Aber ein Fußballer hat folgende Anfrage an das Internationale Skatgericht in Altenburg gerichtet: »Mein Name ist Wenzel. Ich möchte meinen Sohn Schell nennen. Haben Sie etwas dagegen?« (»Schell Wenzel« ist gleichbedeutend mit dem Karo Buben.) Das Skatgericht riet ihm ab: »Würden Sie Ihren Sohn Axel nennen, wenn ihr Familienname Schweiß wäre?« Sehr salomonisch.

Zu guter Letzt

Am Ende einer jeglichen Arbeit fragt sich der Schaffende, ob er zufrieden ist mit seinem Werke. Natürlich fällt ihm immer noch etwas ein, was er hätte besser machen können. Aber vielleicht verspürt er auch ein Quentchen Zufriedenheit.

Und zu guter Letzt habe ich noch einen Test gemacht. Ich habe zwei Handvoll Sachsen und Bayern gefragt, was ihnen spontan bei dem Begriff Sachsen einfällt oder welche drei Fragen zum Sachsenland ihnen auf den Nägeln brennen. Ich habe achtzehn Menschen (elf Männer und sieben Frauen) befragt. Beide von mir erfragten Aspekte wurden in höchst interessanter Art und Weise behandelt.

Den Sachsen fielen spontan bei der Nennung des Landes ein:

Waldschlößchenbrücke in Dresden, Dresdner Heide, Dresdner Zoo, Ballhaus Watzke, Elbe und Elberadweg, Bunte Republik Neustadt, Zwinger, Semperoper, Dresdner Stollen, August der Starke, Frauenkirche (zwei Nennungen), Blaues Wunder, Kriege, Dialekt (drei Nennungen), Erfinder, Komiker, Burgen und Schlösser, Geschichte, schöne Frauen, Erzgebirge, Bach (zwei Nennungen), Trabant, Leipziger Allerlei, Dichter und Maler, Thomaner- und Kreuzchor, friedliche Revolution (zwei Nennungen), *Die Gartenlaube*, Deutsche Bücherei, Weinbau.

Die Befragten waren Laborleiterin, Geologe, Elektroingenieur, Physiotherapeut, Heimatforscher und Autor, Germanist.

Die Bayern (vier Sachsen waren auch darunter) haben sich auf Fragen spezialisiert:

- Woher stammt der Name Sachsen und wieso gibt es Niedersachsen und Angelsachsen?
- Welche berühmten Künstler stammen aus Sachsen?
- Welche typischen sächsischen Speisen gibt es?
- Gibt es gesamtsächsische volkstümliche Traditionen, wie sie die Sorben, Lausitzer oder Erzgebirgler pflegen?
- Was macht den Sachsen wirklich wütend?
- Worauf ist ein Sachse besonders stolz?
- Wer sind die Intimfeinde der Sachsen?
- Sachsen war im 19. Jahrhundert unter Ministerpräsident von Beust eine »interessante« und »unkonventionelle« politische Kraft in Deutschland. Was ist damit heute? (fragt Joachim von Beust)
- Meine Mutter stammt aus Cottbus, was gibt es dort noch außer »Energie«?
- Ist Sächsisch vererblich? Obwohl meine Mutter nur am Telefon »gesächselt« hat und ich in Augsburg geboren bin, kaum je im Osten war, kann ich Sächsisch am besten »nachmachen«.
- Sächsische Mundart (»Gänsefleisch«)?
- Dresden?
- August der Starke?
- Kann man die Sprache erlernen, auch wenn man dort nicht geboren ist?
- Wieso erkennt man Sachsen auf der ganzen Welt, auch wenn sie Englisch sprechen?
- Was haben die heutigen Sachsen mit den Sachsenkriegen gemeinsam?
- Warum sind die Leipziger so lustig und machen so berühmtes Kabarett?
- Wie ist eigentlich das Verhältnis zwischen Dresden und Leipzig?
- Warum sind überall in den bayerischen Bergen Sachsen in den Hotels tätig?

- »... Sachsen, wo die schönen Mädchen auf den Bäumen wachsen!« – Wo sind diese Bäume zu finden? Wann werden die schönen Mädchen geerntet? Wie erfolgt eigentlich die Befruchtung der Baumblüten? Ist das vielleicht eine Art der »sächsischen unbefleckten Empfängnis«? Oder kann man sich als Biene oder Hummel melden?
- Mit welchen Worten dankte der letzte sächsische König, Friedrich August III., angeblich ab?
- Was haben die Siebenbürger Sachsen mit Sachsen zu tun?
- Warum wurde Leipzig einst Gosestadt genannt?
- Woher kommt der Spruch, dass in Sachsen die schönsten Mädchen wachsen?
- Wie war der Dialekt zu Goethes Zeiten im Vergleich zu anderen Regionen, als Sächsisch Hofsprache war?
- Wie lauten sächsische Wörter, die inzwischen ausgestorben sind, und wie sind deren sprachliche Wurzeln?
- Warum können die Sachsen die Preußen nicht leiden und umgekehrt?
- Warum können die Leipziger Lerchen nicht fliegen?
- Wo wohnt in Sachsen der Zeitgeist?

Die Fragwürdigen sind Grafikerin, Fahrlehrer, Malerin und Grafikerin, Übersetzer, Kinesiologin, Diplom-Ingenieur, Lektoratsleiterin, Altenheimdirektorin, Kuratorin.

So, nun suchen Sie mal, wo in dem Buch die Fragen beantwortet sind.

Nachwort

Färdsch!

Dank

Dieses Buch ist zustande gekommen durch die unendliche Geduld von Rüdiger Grünhagen. Für diese Auflage haben mir Frank Baumgart und Otto Künnemann (†) wertvolle Hinweise geliefert.

Dank schulde ich allen Freunden und Kollegen, die durch Kritik und nützliche Hinweise den Fortgang der Arbeit beförderten. Stellvertretend für viele: Dr. Claus Baumann, Dr. Gunter Bergmann, Heinz-Jürgen Böhme, Dr. Frigga Dickwach, Egbert Herfurth, Gudrun & Mathias Herzog, Dr. Wolfgang Hocquél, Eckhard Hollmann, Prof. Willmut Kumpfe, Prof. Dr. Elmar Schenkel, Dr. Günter Wieschebrink – und last but not least: Bernd-Lutz Lange.

Meinen Söhnen danke ich und meiner Frau, die oft den Abwasch für mich übernahm – insofern bedaure ich den Abschluss der Arbeit.

Literatur

Karl Czok (Hrsg.): *Geschichte Sachsens*. Hermann Böhlaus Nachfolger. Weimar 1989
Jürgen Hart: *Die unernste Geschichte Sachsens*. WeymannBauer Verlag 1995
Katrin Keller: *Landesgeschichte Sachsen*. Verlag Eugen Ulmer. Stuttgart 2002
Dieter Wildt: *Deutschland deine Sachsen*. Rowohlt Verlag 1968
Einschlägige Mono- und Biographien